ZS

Johann Lafer

WEIHNACHTS-BÄCKEREI

ZABERT SANDMANN

Frohe
Weihnachten

Inhalt

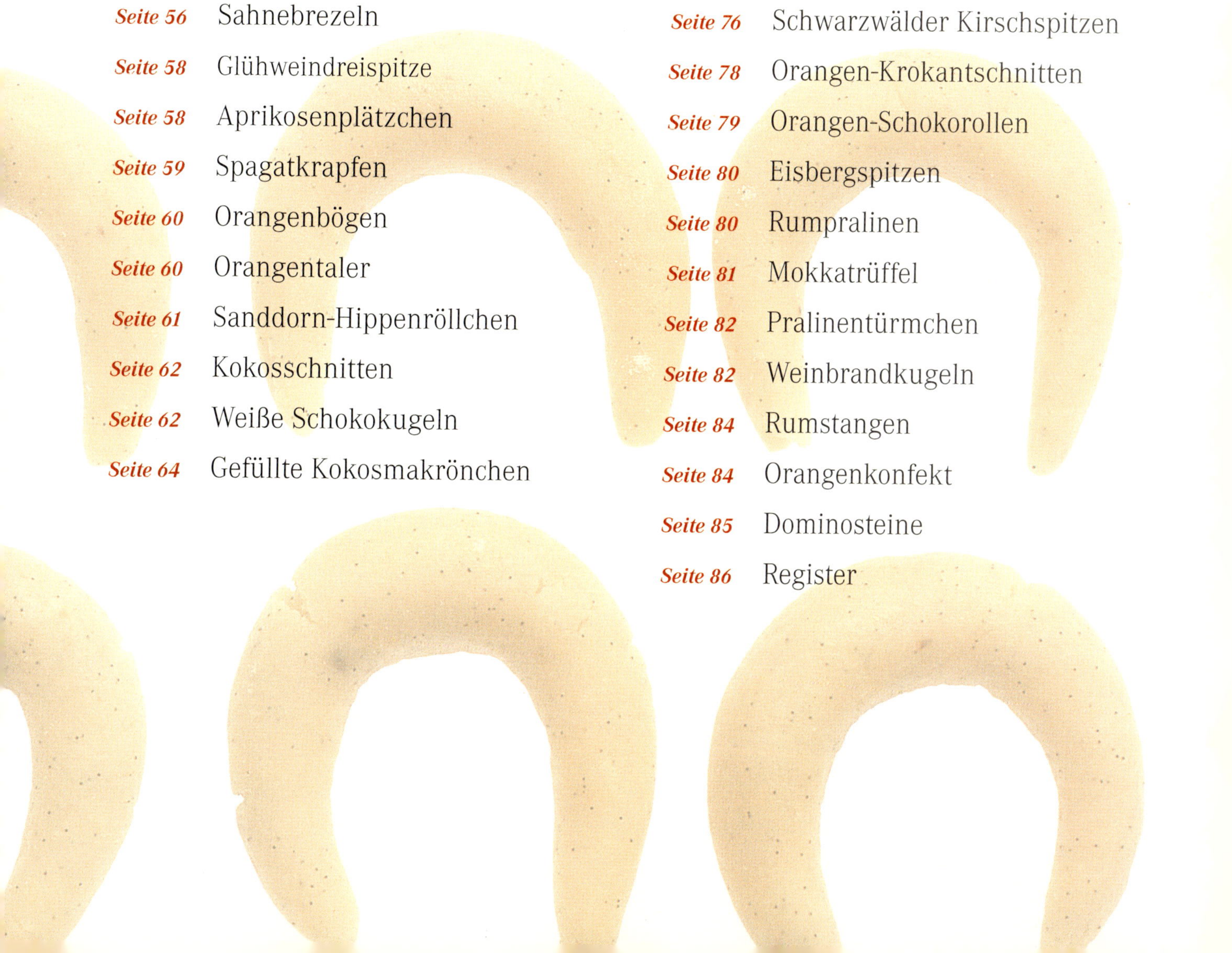

Fröhliche Weihnachten
Stromburg
LE VAL D'OR

Vorwort

Fasziniert von all den Dingen, die sich in Kasserollen und Kuchenformen abspielten, hatten es mir schon als kleiner Junge die köstlichen Süßspeisen besonders angetan. Und nicht nur das Naschen derselben, sondern auch deren Zubereitung. In meiner Heimat Österreich, dem Land der wunderbaren Mehlspeisen, ließ ich dann schon sehr früh keine Gelegenheit aus, Rezepte auszuprobieren. Schon im Alter von neun Jahren gewann ich voller Stolz so manchen Wettstreit mit meiner Mutter und meinen Schwestern, wenn es darum ging, die schönsten »Kipferl« am schnellsten zu formen.

Kein Wunder also, dass damals schon klar feststand: Der Johann wird Koch. Nach der Ausbildung in Graz machte ich mich auf, um in Deutschlands besten Küchen mein Handwerk zu vervollkommnen. Danach wagte ich den Sprung nach Paris, wo ich beim »König der Zuckerbäcker«, Gaston Lenôtre, die hohe Schule des süßen Raffinements lernte. Mein Weg führte mich dann von Paris ins Weinland der Nahe, nach Guldental, ins Restaurant »Le Val d'Or«, mit welchem ich dann Ende 1994 nach Stromberg, am Fuße des Hunsrücks, auf die Stromburg zog.

Wenn man Kinder hat, gewinnen Traditionen wieder mehr an Bedeutung. Man erlebt mit ihnen unsere wunderbaren Rituale, und die verlockenden Düfte beim Backen in der Adventszeit gehören zum Fest so sehr wie der Tannenbaum. Meine Tochter Jenny und ich läuten diese besinnliche Zeit im Jahr mit Teigkneten, Plätzchenbacken und Verzieren ein. Nur fällt es mir immer schwerer, für die gelungenen Resultate Verstecke zu finden, die die junge Dame nicht entdeckt. Denn in diesem Fall hat dann niemand ein Chance, etwas davon zu probieren.

Dieses Buch ist für mich eine große Herausforderung, zeitgemäßes, leichtes Backen mit der jahrhundertealten Weihnachtstradition zu verbinden und leicht nachvollziehbar darzustellen. Wenn einem schon der ehrenvolle Ruf vorauseilt, man sei der meistkopierte Patissier, dann sind natürlich die Erwartungen entsprechend groß, die an ein Buch über Weihnachtsbäckerei geknüpft werden. Ich hoffe, ich habe sie erfüllen können. Leicht habe ich es mir nicht gemacht: Alles wurde unzählige Male ausprobiert. Nur die Rezepte, von deren Resultat wir selbst begeistert waren, erschienen in diesem Buch. Ich wünsche Ihnen so viel Freude beim Backen, wie Jenny und ich sie haben.

Johann Lafer

Was Sie über das Weihnachtsbacken

Angelika Kandierte, das heißt mit hochprozentiger Zuckerlösung konservierte, grüne Blattstiele der Engelwurz. Angelika verwendet man gewürfelt oder in Scheiben geschnitten als Gebäckdekoration.

Backaromen Konzentrierte Zubereitungen aus Geruchs- und Geschmacksstoffen nennt man Aromen oder Aromastoffe. Neben Rumaroma werden auch Vanille- und Zitronenaroma sowie Backöle, z. B. Bittermandel, häufig zum Backen verwendet. Zum Aromatisieren von Gebäck und Pralinen. Sehr sparsam dosieren.

Backblech Es gehört zur Grundausstattung jedes Backofens. Jedes Backblech lässt sich mit extra starker Aluminiumfolie verkleinern: Der erforderlichen Größe entsprechend Ränder aus der Folie falten, am unteren Rand etwa 3–5 cm Folie ungefaltet überstehen lassen und im rechten Winkel abknicken. So auf das Backblech legen, dass der Überhang auf dem Blech liegt, am Rand umklappen.

Butter Unentbehrlich für die Weihnachtsbäckerei. Es gibt die milde Süßrahmbutter und die Sauerrahmbutter mit nussartigem Geschmack. Unterschieden werden folgende drei Handels- und Qualitätsklassen: Markenbutter, Molkereibutter und Kochbutter.

Farinzucker Auch brauner Zucker genannt. Farinzucker ist ein gelblichbrauner Zucker, der aus karamellisiertem Zuckersirup hergestellt wird. Durch seinen angenehm malzigen Geschmack eignet er sich ausgezeichnet für die Weihnachtsbäckerei.

Hirschhornsalz Backtriebmittel, das aus den verschiedenen Salzen des Ammoniaks und der Kohlensäure hergestellt wird. Früher wurde es tatsächlich aus Hornabfällen gewonnen. Das weiße Salz zersetzt sich in kalter Milch nicht. Erst durch die Backhitze verwandelt es sich in verschiedene Gase und treibt dadurch das Gebäck auf. Hirschhornsalz ist nur zur Lockerung trockener, würziger Flachgebäcke geeignet, denn in größeren Gebäckstücken kann ein Ammoniakgeschmack zurückbleiben. In Apotheken erhältlich.

Läuterzucker 500 g Zucker, ½ l Wasser, ½ Vanilleschote, ein Stück Sternanis und die Schale von je 1 unbehandelten Orange und Zitrone in einen Topf geben, aufkochen und etwa 5 Minuten lang köcheln lassen, bis der Zucker sich völlig aufgelöst hat. Den Läuterzucker durch ein feines Sieb gießen, abkühlen lassen, in Flaschen füllen und verschließen. Fast unbegrenzt haltbar.

Nougatmasse Form- und schnittfeste Masse aus gerösteten und gemahlenen Mandeln oder Haselnüssen, die unter anderem mit Zucker, Eiweiß und Honig oder Sirup vermischt werden. Die Farbe des Nougats wird vom Röstgrad der Mandeln oder Haselnüsse bestimmt. Manchmal wird auch Kakaomasse zugesetzt.

wissen sollten

Orangenblütenöl
Auch Orangenaroma; Extrakt aus Orangenblüten. In Apotheken erhältlich. Bei der Gebäck- oder Konfektzubereitung immer vorsichtig dosieren.

Pinienkerne
Weiße, länglich-ovale Samenkerne der Pinienkiefer. Pinienkerne haben einen mandelähnlichen Geschmack und können deshalb durch Mandeln ersetzt werden.

Pistazienkerne
Längliche, hell- bis dunkelgrüne Samenkerne des Pistazienbaums. Geschälte und ungesalzene Pistazienkerne sind relativ teuer. Sie werden gern zum Verzieren von Gebäck und Pralinen verwendet.

Pottasche
Backtriebmittel, das durch seinen Kohlendioxidgehalt säurehaltige oder säurebildende Teige auflockert und diese beim Backen eher in die Breite als in die Höhe treibt. Die weiße Pottasche wird wie Hirschhornsalz mit etwas Milch vermischt, damit sie sich im Teig besser verteilt. Ideal für Lebkuchenteige. In Apotheken erhältlich.

Stollenform
Spezielle Backform mit oder ohne Deckel für Weihnachtsstollen. Im Fachhandel erhältlich. Ohne Stollenform muss man den Stollenteig zu einem länglichen Laib formen, diesen in der Mitte längs eindrücken und zu einer Seite hin flach rollen. Die flach gerollte Seite dann über die dicke schlagen und andrücken.

Tortenscheibe
Praktische runde, dünne Scheibe aus Metall oder Kunststoff. Zum Abheben von Kuchen oder Torten vom Blech sowie zum Transportieren empfindlicher Gebäcke und Garnituren. In Haushaltswarenabteilungen und -geschäften erhältlich.

Trockenfrüchte
Getrocknete Früchte wie Äpfel, Aprikosen, Feigen, Datteln oder Pflaumen sind süßer und gehaltvoller als frische. Deshalb eignen sie sich besonders gut für die Zubereitung von Gebäck und Desserts. Beim Einkauf möglichst die ungeschwefelten Früchte bevorzugen.

Waage
Gerade beim Backen ist es wichtig, dass alles aufs Gramm genau mit einer Waage abgewogen wird. Kein Konditor würde jemals auf den Gedanken kommen, die Zutaten für einen Teig aus dem Handgelenk abzumessen. Und ein Messbecher allein nützt nicht viel; denn er eignet sich nur zum Abmessen von Flüssigkeiten. Als Raummaß für Mehl und Zucker ist er einfach zu ungenau. Gute Küchenwaagen sind nicht billig. Sie sollen sowohl kleine als auch größere Mengen exakt wiegen, stabil sein und sich nicht von allein verstellen können. Ausgezeichnet bewährt haben sich die neuen Digitalwaagen mit Leuchtanzeige. Sie sind batteriebetrieben und wiegen selbst kleinste Mengen, z. B. 10 Gramm, präzise ab.

Was Sie über Kuvertüre wissen sollten

Kuvertüre ist eine besonders reine Schokolade mit einem sehr hohen Anteil an Kakaobutter. Sie eignet sich ideal als Glasur oder Verzierung von Gebäck und Pralinen, weil sie zart und klümpchenfrei schmilzt.

Allerdings erfordert der Umgang mit Kuvertüre ein gewisses Geschick, denn sie ist sehr temperaturempfindlich. Zuverlässig vor Überhitzung beim Schmelzen schützt ein Joghurtthermometer, das im Haushaltswarengeschäft erhältlich ist. Kuvertüre darf nur im ca. 50 °C warmen Wasserbad erhitzt werden. Eine zu hohe Temperatur beeinträchtigt ihren Geschmack.

Außerdem bilden sich beim Festwerden von überhitzter Kuvertüre graue Streifen auf der Oberfläche. Damit die Schokoladenglasur glatt und glänzend gelingt, sollte die Kuvertüre so temperiert werden, wie es anhand der Phasenfotos beschrieben ist.

Während die temperierte Kuvertüre verarbeitet wird, stellt man sie am besten in ein handwarmes Wasserbad, damit sie nicht zu fest wird. Übrig gebliebene Kuvertüre kann im Kühlschrank aufbewahrt und wieder verwendet werden.

Überwiegend ist Bitter-, Halbbitter- und Vollmilchkuvertüre im Handel, seltener weiße Kuvertüre. Ersatzweise kann man auch eine fertig gekaufte Schokoladen-Fettglasur anstelle von Kuvertüre verwenden. Allerdings nicht für Rezepte, die geriebene oder geraspelte Kuvertüre verlangen.

1

2

3

Kuvertüre temperieren

1. Die Kuvertüre mit einem großen Messer zerkleinern, damit sie sich gleichmäßig im Wasserbad auflöst.

2. Die Hälfte der Kuvertüre in einer Schale im ca. 50 °C heißen Wasserbad unter Rühren auflösen. Aus dem Wasserbad nehmen.

3. Die übrige Kuvertüre dazugeben und so lange rühren, bis sie sich in der geschmolzenen Kuvertüre aufgelöst hat.

4. Die Kuvertüre kurz kühl stellen oder auf eine Marmor- oder Servierplatte laufen lassen. So lange mit einer Palette hin- und herstreichen, bis sie leicht bindet und cremig wird.

5. Die cremige Kuvertüre langsam in einem mäßig warmen Wasserbad auf maximal 32 °C erwärmen. Dabei ständig die Temperatur kontrollieren.

6. Probe: Einen Löffel kurz in die Kuvertüre tauchen. Nach etwa 2 Minuten soll sie fest sein und glänzen.

4

5

6

Wie Sie Fondant am besten zubereiten

Als Fondant bezeichnet man eine zartschmelzende Zuckermasse, Grundlage für verschiedene Konfektarten oder reine Zuckerglasur. Fondant kann man schmelzen, formen, färben und aromatisieren.

Zuerst muss ein Zuckersirup gekocht werden, dem Traubenzucker zugefügt wird. Letzterer verhindert eine zu große Zuckerkristallbildung beim Abkühlen. Unentbehrlich beim Kochen des Sirups ist ein Thermometer, das Temperaturen über 100 °C anzeigt. Denn wie weich der Zuckersirup beim Abkühlen wird, hängt von der Kochtemperatur ab. Je höher die Temperatur, um so härter das Ergebnis. Ein guter Fondant muss geschmeidig sein, deshalb darf der Zuckersirup nur bis zu einer Temperatur zwischen 112 und 116 °C erhitzt werden. Beim Abkühlen und Bearbeiten der Sirupmasse sollte man immer gleichmäßige Schleifen (Achten) ziehen, sodass sich sehr feine Kristalle bilden können.

Nach dem Kneten muss der Fondant im Kühlschrank ruhen. Dabei verändert sich die Kristallstruktur langsam, sodass eine elastische Zuckermasse entsteht. Für längere Aufbewahrung füllt man sie in Gläser. Geschmolzen wird Fondant im Wasserbad, indem man die Masse unter Rühren erwärmt. Falls der Fondant für eine Glasur zu dick ist, verdünnt man ihn mit etwas heißem Wasser, Fruchtsaft oder Likör. Wichtig ist auch hier die Temperaturkontrolle. Fondant, der über 66 °C erhitzt wird, bröckelt beim Trocknen. Allerdings gibt es Fondant auch in guter Qualität fertig zu kaufen. Ersatzweise kann man gesiebten Puderzucker mit Wasser, Saft oder Likör zu einer dicken Masse verrühren.

1

2

5

6

9

10

4

8

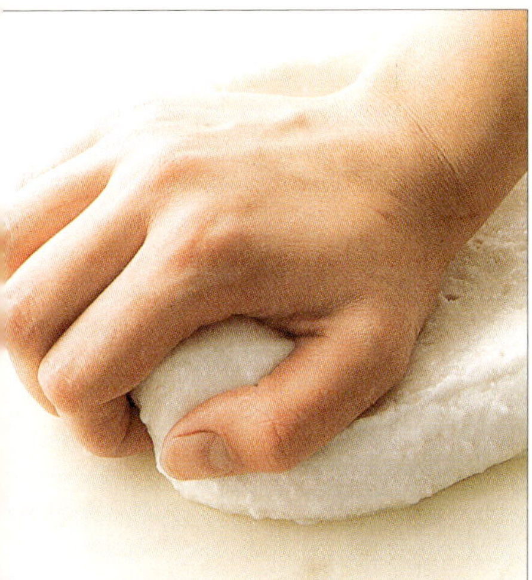

12

Fondant herstellen

1. 1 kg Zucker, 300 ml Wasser und 4 EL Traubenzucker in einen Topf geben. Unter Rühren auflösen, Zuckerkristalle mit einem nassen Pinsel vom Rand entfernen.

2. Ein Zuckerthermometer in den Topf stellen und den Sirup so lange stark kochen lassen, bis 113 °C erreicht sind.

3. Den Topf vom Herd nehmen, und den Topfboden kurz in eiskaltem Wasser abkühlen, um den Kochvorgang zu stoppen.

4. 1 EL Zuckersirup in eine Schale mit eiskaltem Wasser geben. Mit den Händen einen Zuckerball formen.

5. Nimmt man den Zuckerball aus dem Wasser, muss er sofort seine runde Form verlieren und weich werden. Der Fachmann nennt das den weichen Ballgrad.

6. Heißen Zuckersirup auf ein mit Wasser besprühtes Backblech oder auf eine Marmorplatte gießen. Abkühlen lassen.

7. Den Sirup am Rand mit einem nassen Metallspachtel anheben und nach innen umschlagen. Diesen Vorgang so oft wiederholen, bis der Zuckersirup zähflüssig wird.

8. Diese Masse nun so lange mit einem angefeuchteten Holzspatel bearbeiten, bis sie eine milchige Farbe bekommt.

9. Nach etwa 5 Minuten beginnt die Masse fest zu werden.

10. Nach etwa 8-10 Minuten bildet sich eine weiße, harte, bröckelige Fondantmasse. Diese Masse mit angefeuchteten Händen kräftig durchkneten.

11. Etwa 5-8 Minuten weiterkneten, bis der Fondant feucht, glänzend-glatt und klümpchenfrei geworden ist.

12. Auf einen mit Wasser benetzten Teller legen und mit einem feuchten Tuch abdecken. Etwa 8-12 Stunden kühl stellen.

Kuchen und Torten

Hexenhaus

Für ein Hexenhaus

Lebkuchenteig:

700 g Honig
200 g Zucker
200 g Butter
2 Eier
abgeriebene Schale von 1 unbehandelten Zitrone
2 EL Kakaopulver
2 Päckchen Lebkuchengewürz
1 kg Mehl
10 g Hirschhornsalz
5-6 EL Milch
4 g Pottasche

Zuckerguss:

2 Eiweiß
300 g Puderzucker
6 Tropfen Zitronensaft
Mark von 1 Vanilleschote

Außerdem:

Mehl für die Arbeitsfläche
Puderzucker zum Bestäuben
rote Blattgelatine
bunte Süßigkeiten und abgezogene Mandeln (siehe Foto)

Den Honig, den Zucker und die Butter über einem leicht siedenden Wasserbad unter Rühren erwärmen, bis sich der Zucker völlig aufgelöst hat. Dann die Masse wieder etwas abkühlen lassen.

Die Eier, die Zitronenschale, das Kakaopulver und die Gewürze dazugeben und mit den Schneebesen des Handrührgerätes unterrühren. Danach das Mehl unter die Honigmasse geben und mit den Händen gut in den Teig einarbeiten.

Das Hirschhornsalz in 3-4 EL Milch, die Pottasche in 2 EL Milch jeweils in kleinen Tassen auflösen. Erst das Hirschhornsalz, dann die aufgelöste Pottasche gleichmäßig unter den Teig kneten.

Den Teig in Klarsichtfolie einpacken und 24 Stunden bei Zimmertemperatur ruhen lassen. Am nächsten Tag den Teig kurz durchkneten und auf einer bemehlten Arbeitsfläche 1-2 mm dick ausrollen.

Die Schablonen für das Haus in Pappe zurechtschneiden und zur Probe einmal zusammensetzen, um zu prüfen, ob die Teile auch wirklich passen. Man benötigt eine rechteckige Bodenplatte, zwei dreieckige Giebel und zwei rechteckige Dachflächen. Alles mit einem Messer aus dem ausgerollten Lebkuchenteig ausschneiden.

Aus den Resten lassen sich nach Belieben Kamin, Türen, Fensterläden und Bäume formen. Alle Teile auf ein mit Backpapier belegtes Backblech legen und im vorgeheizten Backofen bei 180 °C 5-10 Minuten backen.

Währenddessen für den Zuckerguss das Eiweiß leicht schaumig schlagen, dabei den gesiebten Puderzucker dazugeben und zu cremigem Schnee schlagen. Den Zitronensaft und das Vanillemark untermischen.

Die gebackenen Bauteile abkühlen lassen, dann mit Zuckerguss zusammensetzen. Rote Blattgelatine als Fensterscheiben einsetzen. Nach dem nebenstehenden Foto oder nach eigener Fantasie mit bunten Süßigkeiten dekorieren und schmücken.

Das Hexenhaus zum Aufheben oder Verschenken am besten schön in Zellophanpapier verpacken. So lässt es sich fünf bis sechs Wochen aufbewahren.

Früchtebrot

Für ein Früchtebrot

Füllung:

125 g Korinthen
125 g Rosinen
500 g fein gewürfelte getrocknete Feigen
160 g fein gewürfelte getrocknete Datteln
1/4 l Obstler oder Rum

Teig:

450 g Mehl
100 ml lauwarme Vollmilch
50 g frische Hefe
120 g weiche Butter
2 Eier
1/2 TL gemahlener Sternanis
1/2 TL Zimt
1/2 TL gemahlener Piment
abgeriebene Schale von 1 unbehandelten Orange
1/2 TL Salz
Mehl für die Arbeitsfläche
1 Eigelb zum Bestreichen

Zum Verzieren:

40 abgezogene Mandeln
Puderzucker

Die Zutaten für die Füllung bereits am Vortag miteinander vermischen, den Obstler darüber gießen und alles abgedeckt über Nacht im Kühlschrank durchziehen lassen.

Für den Teig das Mehl in eine Schüssel sieben und eine Vertiefung in die Mitte drücken. Die Milch und die zerbröckelte Hefe in die Mulde geben, etwas verrühren und abgedeckt an einem warmen Ort 30 Minuten gehen lassen.

Die Butter, die Eier, den Sternanis, den Zimt, den Piment, die Orangenschale und das Salz dazugeben und alles mit den Knethaken des Handrührgerätes zu einem glatten Teig verkneten. Mit einem Tuch abgedeckt an einem warmen Ort ca. 1 Stunde lang gehen lassen.

Ein Drittel des Teiges abnehmen und für die Hülle beiseite legen. Den übrigen Teig mit den eingelegten Früchten verkneten und abgedeckt nochmals 30 Minuten gehen lassen.

Das beiseite gelegte Teigdrittel auf einer mit Mehl bestäubten Arbeitsfläche zu einem 35 x 40 cm großen Rechteck ausrollen. Das Eigelb mit etwas Wasser verquirlen und den Teig damit bestreichen.

Aus dem Früchteteig eine Rolle formen, diese auf den ausgerollten Teig legen und darin einhüllen. Das Früchtebrot auf ein mit Backpapier ausgelegtes Backblech legen.

Mehrmals mit einer Gabel einstechen und die übrige Eigelb-Wasser-Mischung darauf streichen. Die Mandeln darauf legen und andrücken. Den Teig nochmals 30 Minuten gehen lassen, dann im vorgeheizten Backofen bei 200 °C ca. 1 Stunde backen.

Aus dem Ofen nehmen, dick mit Puderzucker bestäuben und bei 250 °C im Backofen so lange nachbacken, bis der Puderzucker karamellisiert ist. Während dieser Zeit das Früchtebrot ständig beobachten, denn wenn der Zucker zu bräunen beginnt, ist er schnell karamellisiert.

Das Früchtebrot auf einem Kuchengitter auskühlen lassen, dann in Alufolie verpacken und vor dem Anschneiden mindestens eine Woche ruhen lassen.

Mohn-Makronen-Kuchen

Für den Mohnteig Butter, Zucker und Vanillezucker so lange mit den Schneebesen des Handrührgerätes schaumig schlagen, bis der Zucker völlig aufgelöst ist. Unter ständigem Rühren die Eier, das Eigelb und eine Prise Salz nacheinander dazugeben.

Backpulver, Mehl und Mohn mit einem Rührlöffel unterrühren. Die Kastenform mit Backpapier auslegen oder buttern und mit Mehl ausstreuen. Den Mohnteig hineingeben und kühl stellen.

Für den Makronenteig das Eiweiß mit den Schneebesen steif schlagen. Den Zucker einrieseln lassen und so lange weiterschlagen, bis eine cremige Masse entsteht. Sternanis, Orangenblütenöl und Mandeln unterheben.

Die Kastenform aus dem Kühlschrank nehmen. Mit einem Löffel der Länge nach eine 4 cm breite und 4 cm tiefe Mulde in den Mohnteig drücken. Den Makronenteig hineingeben und glatt streichen.

Im vorgeheizten Backofen bei 170 °C ca. 1 ¼ Stunden backen. Den Kuchen in der Form 10–15 Minuten ruhen lassen, dann stürzen und das Backpapier abziehen. Abgedeckt aufbewahren.

Für eine 25 cm lange Kastenform

Mohnteig:

200 g Butter · 175 g Zucker
1 EL Vanillezucker
2 Eier · 2 Eigelb
1 Prise Salz
1 TL Backpulver · 150 g Mehl
100 g fein gemahlener Mohn

Makronenteig:

2 Eiweiß
100 g Zucker
1 ½ TL gemahlener Sternanis
3 Tropfen Orangenblütenöl
175 g gemahlene Mandeln

Außerdem:

Butter und Mehl für die Form

Weihnachtsstollen

Für eine Stollenform

Teig:

450 g Mehl
130 ml lauwarme Vollmilch
35 g Zucker
42 g frische Hefe
150 g Rosinen
135 g zerlassene Butter
5 Eigelb
70 g geschälte und grob gehackte Mandeln
50 g fein gewürfeltes Zitronat
50 g fein gewürfeltes Orangeat
1 EL Rum
1 TL Vanillezucker
abgeriebene Schale von 1 unbehandelten Zitrone
1 TL Salz

Außerdem:

Butter und Mehl für die Form
100 g zerlassene Butter zum Bestreichen
100 g Puderzucker
1 TL gemahlener Piment

Das Mehl in eine große Schüssel sieben. In einer kleinen Schüssel die Milch mit dem Zucker, der zerbröckelten Hefe sowie 5 EL des gesiebten Mehls mischen. Den Hefevorteig mit einem Tuch abgedeckt ca. 20 Minuten an einem warmen Ort gehen lassen.

Die Rosinen waschen, abtropfen lassen und mit Küchenpapier trockentupfen. Das gesiebte Mehl, die lauwarme Butter, das Eigelb und den Hefebrei mit den Knethaken des Handrührgerätes zu einem glatten Teig verkneten.

Die Rosinen, die Mandeln, das Zitronat und Orangeat, den Rum, den Vanillezucker, die Zitronenschale und das Salz zum Teig geben und alles gut verkneten. Mit einem Tuch abgedeckt an einem warmen Ort so lange gehen lassen, bis sich der Teig verdoppelt hat.

Eine Stollenform buttern und mit Mehl ausstreuen. Überschüssiges Mehl durch Stürzen der Form entfernen. Den aufgegangenen Teig erneut durchkneten, in die Stollenform legen und abgedeckt 30 Minuten gehen lassen, bis der Teig die Form zu drei Viertel ausfüllt.

Die Form mit dem Teig so auf ein mit Backpapier ausgelegtes Backblech setzen, dass die Form nach oben zeigt. Im vorgeheizten Backofen bei 170 °C zunächst 45 Minuten backen. Dann die Form abheben und den Stollen ohne Form nochmals 20–30 Minuten weiterbacken.

Den fertig gebackenen Stollen aus dem Ofen nehmen und sofort mit der flüssigen Butter einpinseln. Sobald die Butter vom Stollen aufgesogen worden ist, erneut bestreichen, bis sämtliche Butter verbraucht ist.

Den gesiebten Puderzucker mit dem Piment mischen. Den Stollen dick damit bestäuben und auskühlen lassen. In Klarsichtfolie einschlagen, zwei bis vier Wochen ruhen lassen.

Weihnachtstorte

Für eine Springform von 26 cm Durchmesser

Teig:

140 g gemahlene Mandeln
7 Eigelb
140 g Zucker
7 Eiweiß
80 g fein geriebene Bitterkuvertüre

Marzipancreme:

100 g Puderzucker
250 g weiche Butter
200 g Marzipanrohmasse
4 Eigelb
6 EL Mandellikör

Zum Belegen und Verzieren:

200 g Marzipanrohmasse
200 g Puderzucker
und Puderzucker zum Ausrollen

Zum Tränken:

100 g Läuterzucker
4 EL Mandellikör

Glasur:

500-600 g Vollmilchkuvertüre

Zum Bestreuen:

3 EL Kakaopulver
Puderzucker

Die gemahlenen Mandeln in einer heißen Pfanne goldbraun rösten, beiseite stellen. Eigelb und 90 g Zucker mit den Schneebesen des Handrührgerätes in einem Wasserbad warm aufschlagen. Herausnehmen und unter ständigem Schlagen abkühlen lassen.

Das Eiweiß mit den Schneebesen steif schlagen, dabei den übrigen Zucker einrieseln lassen. Abwechselnd die gerösteten Mandeln, die geriebene Kuvertüre und den Eischnee unter die Eigelbmasse heben. Den Boden der Springform mit Backpapier auslegen und den Teig hineingeben. Im vorgeheizten Backofen bei 180 °C ca. 40 Minuten backen.

Für die Marzipancreme den gesiebten Puderzucker mit der Butter schaumig schlagen, bis eine cremige Masse entsteht. Das zerbröckelte Marzipan mit dem Eigelb und dem Mandellikör glatt rühren. Diese Masse durch ein feines Sieb zu der Butter-Puderzucker-Creme streichen, beides miteinander mischen und beiseite stellen.

Die Marzipanrohmasse zum Belegen und Verzieren mit dem gesiebten Puderzucker glatt kneten. In Klarsichtfolie einschlagen und beiseite stellen. Den Läuterzucker mit dem Mandellikör zum Tränken der Torte verrühren. Beiseite stellen.

Den Tortenboden aus dem Ofen nehmen und in der Form auskühlen lassen. Den Springformrand vorsichtig entfernen und den Tortenboden stürzen. Den Springformboden abnehmen und das Backpapier vorsichtig abziehen. Den Tortenboden zweimal waagerecht durchschneiden, sodass drei gleich dicke Gebäckscheiben entstehen.

Den Marzipanteig aus der Folie wickeln, halbieren und nacheinander auf einer dick mit Puderzucker bestäubten Arbeitsfläche 2 mm dünn ausrollen. Mit dem leeren Springformrand zwei Marzipankreise ausstechen. Den übrigen Marzipanteig wieder zusammenkneten und in Folie einwickeln.

Den untersten Tortenboden 2 mm dick mit der Marzipancreme bestreichen und einen Marzipankreis darauf legen. Darauf wieder eine 2 mm dicke Marzipancremeschicht streichen und mit dem zweiten Tortenboden belegen.

Mit der Hälfte der Läuterzucker-Mandellikör-Mischung tränken. Wieder eine 2 mm dicke Cremeschicht darauf streichen, mit dem zweiten Marzipankreis belegen und darauf ebenfalls 2 mm Creme streichen.

Den letzten Tortenboden obenauf legen. Mit der übrigen Flüssigkeit tränken und die ganze Torte, einschließlich des Tortenrandes, mit der übrigen Creme bestreichen. Die Torte ca. 2 Stunden gut durchkühlen lassen.

Für die Glasur die Kuvertüre schmelzen und temperieren (siehe Seite 13). Die Torte mit etwa zwei Drittel der Kuvertüre überziehen. Den glasierten Tortenrand mit einem Sägemesser wellenförmig verzieren und vorsichtig mit Kakaopulver bestäuben.

Die übrige Kuvertüre dünn auf zwei glatte, rechteckige Platten streichen und bei Zimmertemperatur fast fest, aber nicht hart werden lassen. Dann die Kuvertüre mit einem Metallspachtel in 5 cm breiten Bahnen schnell und ruckartig von den Platten schieben.

Die zusammengerollte Kuvertüre vorsichtig wie eine Blume auf der Torte anrichten (siehe Foto). Den übrigen Marzipanteig aus der Folie nehmen, auf einer mit Puderzucker bestäubten Arbeitsfläche dünn ausrollen und kleine Weihnachtsmotive ausstechen.

Nach Belieben auf ein mit Backpapier ausgelegtes Backblech legen und unter einem vorgeheizten Grill leicht anbräunen lassen. Die Torte damit verzieren und dünn mit Puderzucker bestäuben. Kühl aufbewahren.

Adventsnapfkuchen

Für eine Gugelhupfform von 22 cm Durchmesser oder für acht kleine Förmchen von 11 cm Durchmesser und 6 cm Höhe

Teig:

360 g Mehl
42 g frische Hefe
100 ml lauwarme Vollmilch
120 g Zucker
3 Eigelb
2 Eier
180 g weiche Butter
70 g gewürfeltes Orangeat
70 g gewürfeltes Zitronat
70 g Rosinen
abgeriebene Schale von je 1/2 unbehandelten Orange und Zitrone
1 Prise Salz
20 g flüssige Butter für die Form
40 g Mandelblättchen für die Form

Zum Bestreichen:

150 g Läuterzucker
6 EL Orangenlikör

Zum Bestreuen:

Puderzucker

Für den Teig 125 g Mehl, die zerbröckelte Hefe und die Milch zu einem Brei verrühren. Abgedeckt an einem warmen Ort 30 Minuten gehen lassen.

Das übrige Mehl, den Zucker, das Eigelb, die Eier, die Butter, das Orangeat und Zitronat, die Rosinen, die Orangen- und Zitronenschale sowie das Salz zu dem Hefebrei in die Schüssel geben und alles mit den Knethaken des Handrührgerätes zu einem glatten Teig verkneten.

Mit einem sauberen Tuch abgedeckt an einem warmen Ort etwa 45 Minuten gehen lassen.

Die Förmchen oder die Form mit Butter auspinseln und mit den Mandelblättchen ausstreuen. Jede Form zu drei Viertel mit dem Teig füllen, nochmals ca. 10–20 Minuten gehen lassen.

Im vorgeheizten Backofen bei 180 °C die kleinen Förmchen ca. 30 Minuten, die große Form ca. 60 Minuten backen.

Zum Bestreichen den Läuterzucker mit dem Orangenlikör mischen. Den Adventsnapfkuchen zum Auskühlen auf ein Kuchengitter stürzen. Danach gleichmäßig mit der Läuterzucker-Orangenlikör-Mischung bestreichen.

Zum Schluss mit Puderzucker bestäuben. In Klarsichtfolie verpackt ist der Napfkuchen etwa zwei Wochen lagerfähig. Ein ideales Geschenk in der Vorweihnachtszeit.

Haselnusstorte

Für eine Springform von 22 cm Durchmesser

Teig:

200 g Butter
100 g Zucker
1 Ei
100 g gemahlene, geröstete Haselnüsse
1 Msp Zimt · 200 g Mehl

Außerdem:

Butter für die Form
2 EL Semmelbrösel
200 g Pflaumenmus
1 Eigelb zum Bestreichen
120 g grob gehackte Haselnüsse
Puderzucker zum Bestäuben

Butter, Zucker, Ei, Haselnüsse, Zimt und Mehl zu einem glatten Teig verrühren. Die Springform buttern. Zwei Drittel des Teiges in einen Spritzbeutel mit großer Lochtülle geben und den Boden der Springform gleichmäßig ausspritzen. Den Rand etwas höher spritzen.

Den Teig gleichmäßig mit den Semmelbröseln bestreuen und das Pflaumenmus darauf streichen. Das restliche Drittel des Teiges in einen Spritzbeutel mit kleiner Lochtülle geben und wie ein Gitter auf das Pflaumenmus spritzen. Das Eigelb verquirlen und das Teiggitter damit bestreichen.

Mit den Haselnüssen bestreuen und im vorgeheizten Backofen bei 180 °C ca. 35 Minuten backen. Die Torte aus dem Ofen nehmen, den Springformrand vorsichtig lösen und entfernen. Die Torte auf dem Springformboden auskühlen lassen und mit Puderzucker bestäuben, dann vorsichtig vom Springformboden lösen.

Abgedeckt aufbewahren und möglichst erst nach einer Woche anschneiden, damit sich die Haselnusstorte geschmacklich voll entwickeln kann.

Kürbiskernkuchen

Für eine 20 cm lange Kastenform

Teig:

5 Eigelb
3 EL flüssiger Honig
3 EL Rum
1/2 Päckchen Backpulver
1 Prise Salz
5 Eiweiß
60 g Zucker
140 g gemahlene Kürbiskerne
70 g geriebene Bitterkuvertüre
50 g Mehl · 30 g zerlassene Butter
Butter und Mehl für die Form

Füllung:

150 g Preiselbeer- oder Heidelbeermarmelade mit ganzen Früchten

Zum Bestäuben:

Puderzucker

Eigelb, Honig, Rum, Backpulver und eine Prise Salz mischen und mit den Schneebesen des Handrührgerätes so lange schaumig rühren, bis eine cremige Masse entstanden ist.

Das Eiweiß steif schlagen, dabei den Zucker langsam einrieseln lassen. Den Eischnee vorsichtig unter die Eigelbmasse mischen. Die gemahlenen Kürbiskerne, geriebene Kuvertüre und das Mehl vorsichtig unterheben.

Zum Schluss die lauwarme Butter in den Teig laufen lassen und alles vorsichtig glatt rühren. Die Kastenform buttern und mit Mehl ausstreuen, überschüssiges Mehl durch Stürzen der Form entfernen. Den Teig hineingeben und im vorgeheizten Backofen bei 180 °C ca. 35–45 Minuten backen. Den Kuchen in der Form auskühlen lassen, dann stürzen.

Den Kuchen zweimal waagerecht durchschneiden, sodass drei gleich große rechteckige Platten entstehen. Die untere Kuchenplatte mit der Hälfte der Marmelade bestreichen, die mittlere Platte darauf setzen, die übrige Marmelade darauf verteilen und die obere Kuchenplatte obenauf setzen. Den fertigen Kürbiskernkuchen dick mit Puderzucker bestäuben und abgedeckt aufbewahren.

Kirschhonigkuchen

Für den Honigkuchenteig den Zucker mit dem Vanillezucker und 20 ml Wasser aufkochen. Den Honig darin auflösen, die noch heiße Mischung und die beiden Mehlsorten mit den Knethaken des Handrührgerätes verkneten, bis ein glatter Teig entstanden ist. Eventuell auskühlen lassen.

Das Eigelb mit den gemahlenen Gewürzen und der Zitronenschale verrühren und unter den Teig mischen. Das Hirschhornsalz in der Milch auflösen und unter den Teig arbeiten. Zum Schluss die Butter unterarbeiten und den Teig über Nacht abgedeckt im Kühlschrank ruhen lassen.

Am nächsten Tag den Teig auf einer bemehlten Arbeitsfläche ca. 4 mm dick ausrollen. Auf ein mit Backpapier ausgelegtes Backblech legen und bei 160 °C ca. 20 Minuten backen, auskühlen lassen.

Für den Belag 2 EL Kirschwasser mit dem Läuterzucker verrühren und den Honigkuchen damit einpinseln. Die Kirschmarmelade darauf streichen und für 2 Stunden kühl stellen.

In der Zwischenzeit das Marzipan mit dem restlichen Kirschwasser verkneten, gleichmäßig über der Kirschmarmelade verstreichen und für 5 Stunden in den Kühlschrank stellen. Den Kirschhonigkuchen in Rauten oder Würfel schneiden und mit geschmolzener Kuvertüre überziehen.

Die Honigkuchen in eine Gebäckdose schichten, jede Schicht mit Pergamentpapier abdecken.

Für ca. 60 Stück

Teig:

50 g Zucker
1 TL Vanillezucker
150 g Honig · 100 g Mehl
110 g Vollkornmehl
1 Eigelb · 1 Prise Zimt
1 Prise gemahlene Nelken
1 Prise gemahlener Kardamom
1 Prise gemahlene Muskatnuss
abgeriebene Schale von 1/2 unbehandelten Zitrone
3 g Hirschhornsalz
2 EL Vollmilch
30 g Butter
Mehl für die Arbeitsfläche

Belag:

4 EL Kirschwasser
30 g Läuterzucker
150 g passierte Kirschmarmelade
130 g Marzipanrohmasse
300 g Vollmilchkuvertüre

Weihnachtswolke

Für ein 20 x 30 cm großes Backblech

Teig:

4 Eier
100 g Marzipanrohmasse
1 EL Vollmilch
100 g Zucker
Mark von 1 Vanilleschote
1 Prise Salz
70 g Mehl
30 g Mandelblättchen
50 g gehackte getrocknete Aprikosen
50 g gehackte Vollmilchkuvertüre

Belag:

6 entkernte, abgezogene getrocknete Datteln
4 Eiweiß
300 g Puderzucker
1 EL Kartoffelmehl

Eigelb und Eiweiß trennen, Eiweiß beiseite stellen. Das Marzipan zerbröckeln und mit der Milch glatt rühren. Eigelb und 70 g Zucker mit den Schneebesen des Handrührgerätes schaumig schlagen, bis der Zucker völlig aufgelöst ist.

Das Vanillemark, das Salz und die Marzipanmasse hinzufügen und alles weiter schaumig schlagen. Mehl, Mandelblättchen, Aprikosen und Kuvertüre untermischen.

Das beiseite gestellte Eiweiß mit den Schneebesen steif schlagen, den übrigen Zucker dabei einrieseln lassen. Den Eischnee vorsichtig unter den Teig heben.

Das Backblech mit Backpapier auslegen und den Teig darauf verstreichen. Die Datteln in Scheiben schneiden und den Teig damit belegen. Im vorgeheizten Backofen bei 200 °C ca. 20-25 Minuten backen.

Das Eiweiß für den Belag steif schlagen und den gesiebten Puderzucker dabei einrieseln lassen. Zum Schluss das gesiebte Kartoffelmehl unter ständigem Schlagen dazugeben.

Das Backblech aus dem Ofen nehmen und das Gebäck auf dem Blech auskühlen lassen. Den Backofen auf 250 °C aufheizen.

Den Eischnee in einen Spritzbeutel mit Lochtülle geben und gleichmäßige Streifen auf den Kuchen spritzen. Mit einem Esslöffel den Eischnee wolkenähnlich auflockern.

Erneut in den Backofen schieben und in 5-8 Minuten goldbraun überbacken. Die Weihnachtswolke auskühlen lassen, in Portionen aufschneiden und mit Klarsichtfolie abgedeckt aufbewahren.

Gebäck

Zimtsterne

Für ca. 45 Stück

Teig:

300 g sehr fein gemahlene Mandeln
2 1/2 TL Zimt
3 Eiweiß
250 g Zucker

Glasur:

1 Eiweiß
125 g Puderzucker

Für den Teig 250 g Mandeln mit Zimt mischen. Eiweiß und Zucker im warmen Wasserbad leicht erwärmen und rühren, bis sich der Zucker vollständig aufgelöst hat.

Alle Zutaten mit den Knethaken des Handrührgerätes zu einem Teig verkneten und für 2-3 Stunden kalt stellen, damit der Teig genug Festigkeit erhält. Den Teig zwischen zwei Folien ca. 8 mm dick ausrollen und für etwa 20 Minuten in ein Gefriergerät stellen.

Für die Glasur Eiweiß und Puderzucker zu einem dickflüssigen Brei verrühren und mit einer Winkelpalette oder einem Teigschaber sehr dünn auf dem angefrorenen Teig verstreichen, einen Teil für das Glasieren der zweiten Menge aufbewahren.

Den glasierten Teig nochmals kurz anfrieren, das erleichtert das Ausstechen. Mit einem Förmchen Sterne ausstechen. Dabei so wenig Zwischenräume wie möglich lassen und die Ausstechform zwischendurch immer wieder in heißes Wasser tauchen.

Die Sterne auf ein mit Backpapier ausgelegtes Backblech legen und im vorgeheizten Backofen bei 160 °C 10-15 Minuten backen. Währenddessen die Teigreste verkneten. Dabei 50 g gemahlene Mandeln hinzufügen, um die Feuchtigkeit der Glasur auszugleichen. Mit dem neuen Teig genauso verfahren wie mit dem ersten. In eine Gebäckdose schichten und jede Schicht mit Pergamentpapier abdecken.

Zimtkarten

Für ca. 90 Stück, in einem Oblaten-Waffeleisen gebacken

Teig:

125 g Butter
280 g Puderzucker
3 Eier
45 g Kakaopulver
1/2 TL gemahlene Nelken
20 g Zimt
3 EL Rum
340 g Mehl

Zum Bestreuen:

Puderzucker

Butter und Puderzucker mit den Schneebesen des Handrührgerätes schaumig rühren. Unter ständigem Rühren nach und nach die Eier dazugeben. Mit Kakao, Nelken, Zimt, Rum und Mehl zu einem glatten Teig verarbeiten.

Den Teig mindestens 6 Stunden abgedeckt im Kühlschrank ruhen lassen. Ein Oblaten-Waffeleisen vorheizen. Aus dem Teig mit nassen Händen kirschgroße Kugeln formen. Auf jede Waffelkarte des Eisens eine Kugel legen. Die Teigkugeln beim Zusammenklappen des Eisens fest in die Waffelkarten drücken und in ca. 3 Minuten gut ausbacken.

Die aneinander klebenden Waffeln noch heiß auseinander schneiden, damit sie nicht zerbrechen. Die fertigen Waffeln auskühlen lassen und leicht mit Puderzucker bestäuben. Etwa zwei bis drei Wochen in einer Gebäckdose aufbewahren, dann sind sie schön mürbe.

Schokoladen-Katzenzungen

Für ca. 25 Stück

Teig:

125 g gemahlene Haselnüsse
120 g Zucker
3 Eiweiß
1 EL Vanillezucker
20 g fein geriebene Bitterkuvertüre
1/2 EL Kakaopulver

Glasur:

100 g weiße Kuvertüre
10 g Kokosfett
50 g Bitterkuvertüre

Die Haselnüsse und 40 g Zucker in eine Pfanne geben und unter Rühren hellbraun rösten. Beiseite stellen. Das Eiweiß mit den Schneebesen des Handrührgerätes steif schlagen. Den übrigen Zucker und den Vanillezucker dabei einrieseln lassen und so lange weiterschlagen, bis eine cremeartige Masse entstanden ist.

Kuvertüre, Kakao und abgekühlte Haselnüsse unterheben. Ein Backblech mit Backpapier auslegen und den Teig in einen Spritzbeutel mit mittlerer Lochtülle geben. Etwa 6 cm lange Teigstreifen auf das Backblech spritzen.

Im vorgeheizten Backofen bei 170 °C ca. 15 Minuten backen. Die Katzenzungen auskühlen lassen. Für die Glasur die weiße Kuvertüre und das Kokosfett schmelzen, glatt rühren und die Katzenzungen bis zur Hälfte hineintauchen.

Zum Trocknen auf Pergamentpapier legen. Die Kuvertüre schmelzen und temperieren (siehe Seite 13). Die überzogenen Seiten der Katzenzungen mit der Spitze in die dunkle Kuvertüre tauchen. Trocknen lassen und die Katzenzungen in eine Gebäckdose schichten. Jede Schicht mit Pergamentpapier abdecken.

Polos

Für ca. 50 Stück

Teig:

120 g Butter
70 g Puderzucker
1 TL Vanillezucker
1 Prise Salz
1 Ei
1 Eigelb
120 g Mehl
Butter und Mehl für das Blech

Füllung:

30 g Vollmilchkuvertüre
120 g Nougatmasse
40 ml Vollmilch

Für den Teig die Butter mit dem Puderzucker, Vanillezucker und Salz schaumig schlagen. Das Ei und das Eigelb nacheinander unterrühren und anschließend das Mehl unterheben. Ein Backblech ausbuttern und mit Mehl bestäuben.

Darauf die Masse mit einem Spritzbeutel und einer Lochtülle in genügendem Abstand in Halbkugeln aufspritzen. Bei 180 °C ca. 10–15 Minuten backen, auskühlen lassen. Das Gebäck soll eine helle, gelbe Farbe haben.

Für die Füllung die Kuvertüre mit dem Nougat auflösen. Die Temperatur der Kuvertüre-Nougat-Mischung sollte in etwa fingerwarm sein, ebenso die der Milch. Die Milch langsam zu der Mischung geben und dabei immer rühren, bis eine glatte, geschmeidige Masse entsteht.

Die Füllung in einen Spitzbeutel geben und auf die eine Hälfte der umgedrehten Gebäckteile spritzen. Die andere Hälfte darauf setzen. In einer Gebäckdose sind die Polos etwa zwei bis drei Wochen haltbar.

Spritzgebäck

Butter, Puder- und Vanillezucker mit den Schneebesen des Handrührgerätes glatt rühren. Das Ei dazugeben, die Mandeln, den Ingwer, den Piment, die Orangenschale und das Mehl unterrühren.

Den Teig in einen Spritzbeutel mit Sterntülle geben und runde Kreise auf ein mit Backpapier ausgelegtes Backblech spritzen. Dabei genügend Platz zwischen den einzelnen Plätzchen lassen, weil der Teig beim Backen etwas auseinander läuft. Etwa 1 Stunde kühl stellen.

Im vorgeheizten Backofen bei 200 °C ca. 15 Minuten backen. Das Spritzgebäck auskühlen lassen. Die Hälfte davon auf der flachen Rückseite mit der Marmelade bestreichen und die übrigen Hälften darauf setzen.

Für die Glasur die Kuvertüre schmelzen, temperieren (siehe Seite 13) und das Spritzgebäck mit der Spitze hineintauchen. Abtropfen lassen und zum Trocknen auf Pergamentpapier legen.

Das Spritzgebäck in eine Gebäckdose schichten. Jede Schicht mit Pergamentpapier abdecken.

Für ca. 45 Stück

Teig:

250 g Butter
125 g Puderzucker
1 TL Vanillezucker
1 Ei
125 g gemahlene, geröstete Mandeln
1 TL g gemahlener Ingwer
1 TL gemahlener Piment
abgeriebene Schale von 1 unbehandelten Orange
250 g Mehl

Füllung:

150 g Hagebuttenmarmelade

Glasur:

130 g Bitterkuvertüre

Kolumbianer

Für ca. 25 Förmchen von 5 cm Durchmesser und 1,5 cm Höhe

Teig:

90 g Butter
40 g Puderzucker
1 TL Vanillezucker
1 Prise Salz
2 Eigelb
20 g Kakaopulver · 1 EL Rum
1 EL Instant-Espressopulver
2 Eiweiß · 40 g Zucker
50 g Mehl
20 g zerlassene Butter für die Förmchen

Glasur:

150 g Fondant (siehe Seite 15)
ca. 1 EL starker Espresso
(ersatzweise 150 g Puderzucker mit ca. 2 EL Espresso verrühren)

Zum Verzieren:

25 Schokoladen-Mokkabohnen
20 g Bitterkuvertüre

Butter, Puderzucker und Vanillezucker sowie eine Prise Salz mit den Schneebesen des Handrührgerätes schaumig schlagen. Das Eigelb unterschlagen, Kakaopulver, Rum und Espressopulver ebenfalls untermischen.

Das Eiweiß mit den Schneebesen steif schlagen, den Zucker dabei einrieseln lassen. Den Eischnee und das Mehl vorsichtig unter den Teig heben.

Die Förmchen mit der flüssigen Butter ausstreichen. Den Teig in einen Spritzbeutel mit mittlerer Lochtülle füllen und die Förmchen zu zwei Drittel damit ausspritzen. Im vorgeheizten Backofen bei 200 °C ca. 12–15 Minuten backen.

Den Fondant für die Glasur im Wasserbad lauwarm werden lassen und mit dem Espresso glatt rühren. Die Kolumbianer auskühlen lassen und aus den Förmchen nehmen. Die obere Seite der Kolumbianer in die Glasur tauchen. Die Schokoladen-Mokkabohnen in die Mitte auf die noch weiche Glasur setzen und trocknen lassen.

Zum Verzieren die Bitterkuvertüre zerkleinern und im warmen Wasserbad schmelzen lassen. Mit 1–2 Tropfen Wasser glatt rühren. In ein kleines Pergamentpapiertütchen füllen. Ein winziges Loch in die Tütenspitze schneiden und feine Schokoladenlinien auf die Kolumbianer spritzen. Sobald Glasur und Verzierung trocken sind, werden die Kolumbianer mit Klarsichtfolie abgedeckt, damit sie nicht austrocknen.

Pfeffernüsse

Für ca. 45 Stück

190 g Zucker · 2 Eier
1 EL Vanillezucker
250 g Mehl
1/2 Päckchen Backpulver
30 g fein gemahlene Mandeln
30 g fein gehacktes Zitronat
1 EL Zimt
1 kleine Msp gemahlene Nelken
1 kleine Msp frisch gemahlener schwarzer Pfeffer
Mehl für die Arbeitsfläche

Zucker, Eier und Vanillezucker schaumig schlagen, die übrigen Zutaten dazugeben und alles mit den Knethaken des Handrührgerätes zu einem glatten Teig verkneten. Abgedeckt 1 Stunde kühl stellen.

Den Teig auf einer bemehlten Arbeitsfläche fingerdick ausrollen und Kreise von 3 cm Durchmesser ausstechen. Auf Porzellanteller legen, mit einem Tuch abgedeckt an einem kühlen Ort 1–2 Tage trocknen lassen.

Die Teigkreise vor dem Backen umdrehen, auf ein mit Backpapier ausgelegtes Backblech setzen und im vorgeheizten Backofen bei 200 °C 10–12 Minuten backen. Auskühlen lassen.

Die Pfeffernüsse in eine Gebäckdose schichten. Mindestens zwei Wochen ruhen lassen, damit die Gewürze gut durchziehen.

Nougatringe

Mehl, Puder-, Vanillezucker, Orangenschale und Salz in eine Schüssel geben. Eine Vertiefung in die Mitte drücken und das Eigelb hineingeben. Die Butter auf den Rand setzen und alles zu einem glatten Teig verkneten. Für 2 Stunden in den Kühlschrank stellen.

Den Teig auf einer bemehlten Arbeitsfläche 2 mm dünn ausrollen und Kreise von 5 cm Durchmesser ausstechen. Aus der Kreismitte einen kleinen Kreis von 2,5 cm Durchmesser ausstechen, sodass Ringe entstehen. Die Teigreste immer wieder zusammenkneten, ausrollen und Kreise ausstechen, bis der Teig verbraucht ist.

Ein Backblech mit Backpapier auslegen und die Teigringe vorsichtig darauf setzen. Im vorgeheizten Backofen bei 200 °C ca. 10 Minuten backen, auskühlen lassen. Für die Nougatcreme die Haselnüsse in einer Pfanne anrösten, beiseite stellen. Butter, Mandelnougat und Orangenschale schaumig schlagen. In einen Spritzbeutel mit kleiner Lochtülle geben und eine Nougatbordüre auf die Gebäckringe spritzen. Die abgekühlten Haselnüsse darüber streuen, leicht andrücken und alles kühl stellen.

Für die Glasur die Kuvertüre schmelzen, temperieren (siehe Seite 13) und die Nougatringe damit gleichmäßig überziehen. Gut abtropfen lassen und zum Trocknen auf Pergamentpapier legen. Die weiße Kuvertüre mit 1-2 EL Tropfen Wasser schmelzen und die Nougatringe mit feinen weißen Kuvertürelinien verzieren. Abgedeckt im Kühlschrank aufbewahren.

Für ca. 40 Stück

Teig:

100 g Mehl · 40 g Puderzucker
2 TL Vanillezucker
abgeriebene Schale von 1 unbehandelten Orange
1 Prise Salz
2 Eigelb
60 g kalte Butter in Flöckchen
Mehl für die Arbeitsfläche

Nougatcreme:

120 g abgezogene, grob gehackte Haselnüsse
60 g weiche Butter
360 g weiches, dunkles Mandelnougat
abgeriebene Schale von 1 unbehandelten Orange

Glasur:

ca. 500 g Vollmilchkuvertüre

Zum Verzieren:

40 g weiße Kuvertüre

Baumkuchenspitzen

Für ca. 40 Stück

1 Grundrezept Baumkuchen (siehe unten)

Glasur:

250 g Aprikosenmarmelade
400 g Bitterkuvertüre
6 EL geschmacksneutrales Öl

Den fertigen Baumkuchen in Rauten oder Dreiecke schneiden. Die Marmelade aufkochen und die Baumkuchenstücke mit einer Pralinengabel in die Marmelade tunken. Auf einem Gitter abtropfen lassen. Anschließend ca. 2 Stunden kühl stellen.

Die Kuvertüre im Wasserbad auflösen und das Öl dazugeben. Die Baumkuchenspitzen auf ein Küchengitter setzen und mit der aufgelösten Kuvertüre überziehen.

Die Baumkuchenspitzen in eine Gebäckdose schichten, jede Schicht mit Pergamentpapier abdecken.

Baumkuchen Grundrezept

Für eine rechteckige, 20 x 25 cm große Form mit 4 cm hohem Rand

220 g weiche Butter
100 g Puderzucker
Mark von 1 Vanilleschote
1 EL Rum
1 Prise Salz
6 Eigelb
150 g Marzipanrohmasse
50 ml Vollmilch
6 Eiweiß
120 g Zucker
90 g Mehl
80 g Speisestärke

Die Butter, den Puderzucker, das Vanillemark, den Rum und das Salz mit den Schneebesen des Handrührgerätes schaumig schlagen. Das Eigelb unterrühren.

Die Marzipanrohmasse und die Milch leicht erwärmen, zusammen glatt rühren und in die Butter-Eier-Masse geben. Eiweiß und Zucker steif schlagen, ein Drittel unter den Teig heben.

Das Mehl und die Speisestärke mischen und die Hälfte davon unter den Teig rühren. Den restlichen Eischnee und die restliche Mehl-Stärke-Mischung vorsichtig unterheben.

Eine dünne Schicht Teig gleichmäßig in einer mit Backpapier ausgelegten Form (20 x 25 cm mit 4 cm hohem Rand) ausstreichen und bei 250 °C im Backofen bei eingeschaltetem Grill kurz backen, bis die Oberschicht goldgelb ist. Am besten den Teig beim Backen beobachten, die Oberschicht sollte weder zu hell noch zu dunkel sein.

Eine weitere dünne Teigschicht einfüllen und ebenso backen. Auf diese Weise insgesamt 20 Schichten übereinander zubereiten. Das Ganze mit Alufolie abdecken und etwa 5 Minuten bei 170 °C backen. Anschließend abkühlen lassen.

Nusstörtchen

Für ca. 40 Stück, in Tartelettformen von 7-8 cm Durchmesser gebacken

250 g Mürbeteig
(siehe Grundrezept S. 66)

Füllung:

180 g Zucker
60 g Honig
2 EL Zitronensaft
50 g Sahne
20 g Butter
50 g gehackte Walnüsse
50 g gehackte Haselnüsse
50 g gehackte Mandeln

Außerdem:

Butter und Mehl für die Formen
1 Eigelb zum Bestreichen

Den Mürbeteig dünn ausrollen. Kleine Tartelettformen von 7-8 cm Durchmesser ausbuttern und mit Mehl bestäuben.

Die Formen vollständig mit Teig auskleiden, anschließend kühl stellen. Ebenfalls aus dem Mürbeteig einen runden Deckel für jede Form ausstechen, der den Durchmesser der Tartelettform hat.

Für die Füllung 100 g Zucker nach und nach schmelzen, bis er eine goldgelbe Farbe hat. Den Honig, den Zitronensaft und die Sahne nacheinander unterrühren.

Die Butter und den restlichen Zucker hinzufügen und alles glatt rühren. Die gehackten Nüsse untermischen.

Die Nuss-Krokant-Masse auf den Böden verteilen, den Deckel darauf setzen und die Ränder sorgfältig zusammendrücken.

Die Törtchen mit verquirltem Eigelb bestreichen und im 180 °C heißen Ofen ca. 20 Minuten backen. Über Nacht auskühlen lassen. In eine Gebäckdose schichten und jede Schicht mit Pergamentpapier abdecken.

Mandelsplitter

Für ca. 30 Stück

200 g Mandelstifte
2 EL Läuterzucker
90 g Vollmilchkuvertüre

Die Mandelstifte gut mit dem Läuterzucker mischen. Auf einem Blechblech oder in einer Pfanne mit hitzebeständigen Griffen verteilen. Im vorgeheizten Backofen bei 200 °C in ca. 10 Minuten goldbraun anrösten. Die Mandeln während dieser Zeit gelegentlich umrühren und ständig beobachten, damit sie nicht zu stark bräunen.

Die gerösteten Mandeln aus dem Ofen nehmen und auskühlen lassen. Ab und zu umrühren, damit sie nicht aneinander kleben.

Die Kuvertüre schmelzen, temperieren (siehe Seite 13) und die Mandelstifte dazugeben. Beides gut miteinander vermengen, sodass alle Mandelstifte vollständig mit Kuvertüre überzogen sind.

Mit zwei Esslöffeln kleine Häufchen von der Mandelsplittermasse abnehmen und zum Trocknen auf Backpapier setzen. Dabei sehr zügig arbeiten, weil die Kuvertüre verhältnismäßig schnell fest wird.

Die fest gewordenen Mandelhäufchen in eine Gebäckdose schichten, jede Schicht mit Pergamentpapier abdecken.

Erdnuss-Schiffchen

Alle Zutaten für den Teig in eine Schüssel geben und mit den Knethaken des Handrührgerätes zu einem glatten Teig verkneten. Etwa 2 Stunden abgedeckt im Kühlschrank ruhen lassen.

Inzwischen die Sahne für die Füllung mit der Butter aufkochen, dann vom Herd stellen. Die Kuvertüre zerkleinern, in der heißen Sahne auflösen und die Masse abkühlen lassen. Alle Erdnüsse, auch die zum Verzieren, mit dem gesiebten Puderzucker in eine Pfanne geben, unter Rühren anrösten, beiseite stellen.

Den gekühlten Teig auf einer mit Mehl bestäubten Arbeitsfläche 2 mm dünn ausrollen. Die Schiffchenformen buttern, dicht nebeneinander stellen und den Teig mithilfe des Nudelholzes darauf legen. Mit der Hand in die Förmchen drücken und den überstehenden Teig entfernen.

Den Teig in den Förmchen mit einer Gabel einstechen, damit sich beim Backen keine Luftblasen bilden können. Im vorgeheizten Backofen bei 200 °C in ca. 10–12 Minuten hellbraun backen. Auskühlen lassen, dann vorsichtig aus den Förmchen nehmen.

Zum Verzieren 48 Erdnusshälften beiseite legen. Die übrigen Erdnüsse mittelfein hacken und unter die abgekühlte, aber nicht feste Sahne-Kuvertüre rühren. In die gebackenen Schiffchen füllen und mit je einer halben Erdnuss verzieren. Mit Klarsichtfolie abgedeckt kühl aufbewahren.

Für 48 Stück, in 6 cm langen Schiffchenformen gebacken

Teig:

120 g Mehl
30 g Puderzucker
65 g kalte Butter
2 Eigelb
1 TL Vanillezucker
abgeriebene Schale von je 1/2 unbehandelten Zitrone und Orange
1 Prise Salz
Mehl für die Arbeitsfläche
Butter für die Formen

Füllung:

70 g Sahne
20 g Butter
150 g Vollmilchkuvertüre
50 g Erdnusskerne
1 TL Puderzucker

Zum Verzieren:

48 halbe Erdnusskerne

Bunte Knusperschnitten

Für ca. 60 Stück

Teig:

190 g Mehl
85 g Zucker
1 EL Vanillezucker
1 TL Backpulver
1 Ei
abgeriebene Schale von 1 unbehandelten Zitrone
85 g kalte Butter
Mehl für die Arbeitsfläche
1 Eigelb zum Bestreichen

Belag:

4 EL Aprikosengeist
1/2 EL Zimt
1/2 EL Vanillezucker
1/4 l Sahne
40 g grob gehackte getrocknete Aprikosen
100 g Butter
200 g Zucker
4 EL Honig
200 g Mandelblättchen
200 g Haselnussblättchen
20 g gehackte, rote Belegkirschen
20 g gehackte, grüne Angelika oder Belegkirschen
20 g gehacktes Orangeat
20 g gehacktes Zitronat

Für den Belag Aprikosengeist mit Zimt, Vanillezucker und Sahne (1 EL zurückbehalten) glatt rühren. Die getrockneten Aprikosen damit vermischen und durchziehen lassen.

Alle Zutaten für den Teig in eine Schüssel geben, die Butter dabei in Flöckchen zerteilen. Mit den Knethaken des Handrührgerätes zu einem glatten Teig verkneten. Den Teig kühl stellen.

Die Butter, den Zucker und den Honig für den Belag in einen Topf geben, erhitzen und unter Rühren leicht bräunen lassen. 1 EL Sahne dazugießen und so lange rühren, bis sich der Zucker völlig aufgelöst hat.

Die übrigen Zutaten für den Belag, einschließlich der eingelegten Aprikosen, dazugeben. Bei geringer Hitze unter ständigem Rühren weiterkochen lassen, bis die Masse gebunden ist.

Den gekühlten Teig auf einer mit Mehl bestäubten Arbeitsfläche in kleinen Portionen dünn ausrollen. Die Teigflächen jeweils in 7 cm breite Streifen schneiden. Ein Backblech mit Backpapier auslegen und die Teigstreifen vorsichtig darauf legen.

Das Eigelb verquirlen und die Teigränder längs damit bestreichen. Aus den Teigresten dünne Röllchen formen und als Begrenzung auf die Längsseiten der Teigränder legen.

Nun den Belag auf die Teigstreifen geben und innerhalb der Begrenzungen verstreichen. Im vorgeheizten Backofen bei 200 °C in ca. 20 Minuten goldbraun backen. Etwas abkühlen lassen.

Das Gebäck in 2 cm breite Stücke schneiden und nach dem Abkühlen in eine Gebäckdose schichten. Die einzelnen Schichten durch Pergamentpapier voneinander trennen.

Nussräder

Für den Teig die Butter mit dem Puderzucker etwas schaumig schlagen. Eigelb und Eiweiß unterrühren, ebenso das Vanillemark. Haselnüsse, Mandeln und Mehl miteinander vermischen und unter die Buttermasse heben.

Nun auf ein mit Backpapier ausgelegtes Blech kleine Räder von 4 cm Durchmesser mithilfe eines Spritzbeutels mit Sterntülle spritzen und bei 200 °C ca. 10 Minuten goldgelb backen. Anschließend auskühlen lassen.

Für die Füllung zwei Drittel der Milch mit 30 g Zucker aufkochen, das andere Drittel der Milch mit dem Puddingpulver verrühren. Eigelb und restlichen Zucker aufschlagen und langsam unter ständigem Rühren in die aufgekochte Milch einlaufen lassen.

Das aufgelöste Puddingpulver in die heiße Milch rühren und aufquellen lassen bis zur Puddingkonsistenz. Haselnussmark und Nougat in der heißen Puddingmasse auflösen und auskühlen lassen. Die Butter schaumig schlagen, unter die ausgekühlte Masse rühren und zum Schluss die geschlagene Sahne unterheben.

Die Masse mit einem Spritzbeutel auf die flache Seite einer Räderhälfte spritzen, die anderen Räder ebenfalls mit der flachen Seite auf die Masse setzen. Die Nussräder lassen sich zwei bis drei Wochen aufheben.

Für ca. 35 Stück

Teig:

180 g Butter
90 g Puderzucker
2 Eigelb
1/2 Eiweiß (15 g)
Mark von 1 Vanilleschote
35 g gemahlene Haselnüsse
35 g gemahlene Mandeln
225 g Mehl

Füllung:

300 g Vollmilch
55 g Zucker
25 g Puddingpulver
3 Eigelb
20 g Haselnussmark (ersatzweise Nougatmasse)
60 g Nougatmasse
90 g Butter
60 g geschlagene Sahne

Neros mit weißer Schoko-Champagner-Füllung

Für ca. 50 Stück

Teig:

120 g Butter
70 g Puderzucker
1 TL Vanillezucker
1 Prise Salz
1 Ei
100 g Mehl
1 EL Kakaopulver
Butter und Mehl für das Blech

Füllung:

120 g Butter
250 g weiße Kuvertüre
150 ml Champagner

Außerdem:

Puderzucker oder Kuvertüre

Für den Teig die Butter mit Puderzucker, Vanillezucker und Salz schaumig schlagen. Das Ei hinzufügen und untermischen. Mehl und Kakaopulver mischen und unter die Masse heben.

Auf ein gebuttertes und bemehltes Blech mit einem Spritzbeutel in ausreichendem Abstand kleine Halbkugeln spritzen und im vorgeheizten Ofen bei 180 °C ca. 10 Minuten backen, anschließend auskühlen lassen.

Für die Füllung die Butter schaumig schlagen. Langsam die geschmolzene weiße Kuvertüre dazugießen und untermischen. Beide Zutaten sollten in etwa die gleiche Temperatur haben.

Den Champagner leicht erwärmen, ebenfalls dazugeben und unterrühren. Die flüssige Füllung für 5 Stunden kühl stellen und fest werden lassen.

Mit einem Spritzbeutel die Füllung auf die eine Hälfte der umgedrehten Halbkugeln spritzen, mit der anderen Hälfte der Halbkugeln zusammensetzen. Abschließend entweder mit Puderzucker bestäuben oder mit Kuvertüre Fäden aufspritzen.

Die Neros in eine Gebäckdose schichten, jede Schicht mit Pergamentpapier abdecken.

Schokokekse mit Nougatfüllung

Für ca. 20 Stück

75 g kalte Butter · 75 g Marzipan
abgeriebene Schale von 1/2 unbehandelten Orange
Mark von 1 Vanilleschote
1/2 EL Kakaopulver · 85 g Mehl
Mehl für die Arbeitsfläche

Füllung:

150 g Nougatmasse
50 g weiße Kuvertüre

Butter, Marzipan, Orangenschale und Vanillemark verkneten. Kakaopulver und Mehl vermischen und mit der Marzipanmasse zu einem glatten Teig verarbeiten. Anschließend 2 Stunden kühl stellen.

Danach den Teig auf einer bemehlten Arbeitsfläche 2 mm dünn ausrollen und in 3 x 3 cm große Quadrate schneiden. Auf ein mit Backpapier ausgelegtes Blech legen und im vorgeheizten Ofen bei 200 °C ca. 10 Minuten backen, auskühlen lassen.

Das Nougat geschmeidig rühren und mit einem Spritzbeutel auf die Hälfte der Kekse spritzen. Die andere Hälfte darauf setzen. Mit der flüssigen Kuvertüre die Kekse verzieren. In einer Gebäckdose aufbewahren.

Apfellebkuchen-Glöckchen

Für ca. 25 Stück

Teig:

300 g Honig
50 g Zucker
1 TL Hirschhornsalz
8 EL Vollmilch
200 g Weizenmehl
120 g Roggenmehl
1 TL Pottasche
1 Eigelb
2 TL Zimt
1 TL gemahlener Kardamom
1 TL gemahlener Piment
3 EL Apfelbrand
20 g gehackte getrocknete Äpfel
Mehl für die Arbeitsfläche
ca. 1/8 l Vollmilch zum Bestreichen

Füllung:

1 EL fein gehackte getrocknete Äpfel
2 EL Apfelbrand
80 g Marzipanrohmasse
1 1/2 EL Apfelgelee

Glasur:

400 g Bitterkuvertüre

Zum Bestreuen:

50 g grob gehackte Pistazienkerne

Für die Füllung die getrockneten Äpfel in dem Apfelbrand einweichen. Honig und Zucker für den Lebkuchenteig in einem Topf bei schwacher Hitze unter Rühren auflösen, nicht kochen! Bei Zimmertemperatur 2 Stunden stehen lassen.

Das Hirschhornsalz in 4 EL Milch auflösen und zusammen mit dem Weizenmehl mit den Knethaken des Handrührgerätes unter die Zucker-Honig-Mischung kneten. Das Roggenmehl, die in den restlichen 4 EL Milch aufgelöste Pottasche sowie die übrigen Zutaten für den Teig unterkneten. Den Lebkuchenteig für 1 Stunde kalt stellen.

Für die Füllung die zerbröckelte Marzipanrohmasse mit dem Apfelgelee und den eingeweichten Trockenäpfeln zu einer glatten Masse verrühren.

Den Lebkuchenteig in kleinen Portionen auf einer mit Mehl bestäubten Arbeitsfläche 3-4 mm dick ausrollen. Mit einer Ausstechform 6,5 x 3,5 cm große Glocken ausstechen. Die Menge sollte ca. 50 Stück ergeben.

Die Füllung in einen Spritzbeutel mit Lochtülle geben und kleine Häufchen auf die Hälfte der Teigglocken spritzen, den Rand dabei frei lassen. Die andere Hälfte der Teigglocken vorsichtig darauf legen und am Rand festdrücken.

Die Glocken leicht mit Milch bestreichen. Ein Backblech mit Backpapier auslegen und die Glocken vorsichtig darauf legen. Im vorgeheizten Backofen bei 180 °C ca. 10 Minuten backen. Auskühlen lassen.

Für die Glasur die Kuvertüre schmelzen und temperieren (siehe Seite 13). Die Lebkuchenglocken mit der Kuvertüre überziehen und mit den Pistazien verzieren.

Sobald die Kuvertüre getrocknet ist, die Lebkuchenglocken in eine Gebäckdose schichten. Jede Schicht mit Pergamentpapier abdecken. Gut verschlossen aufbewahren. Je länger die Lebkuchen lagern, um so würziger werden sie.

Vanille-Makronen-Gebäck

Alle Zutaten für den Grundteig in eine Schüssel geben und mit den Knethaken des Handrührgerätes zu einem glatten Teig verkneten. Den Teig in Klarsichtfolie 12 Stunden im Kühlschrank ruhen lassen. Am nächsten Tag für den Teigrand die zerbröckelte Marzipanrohmasse und das Eigelb miteinander verkneten. In einen Spritzbeutel mit kleiner Sterntülle füllen, beiseite legen.

Den Grundteig auf einer bemehlten Arbeitsfläche etwa 2-3 mm dünn ausrollen und nicht zu feine Weihnachtsmotive, z. B. Glocken oder Tannenbäume, ausstechen. Vorsichtig auf ein mit Backpapier ausgelegtes Backblech setzen und mit einer Gabel einstechen.

Auf den Rand der Plätzchen eine Bordüre aus der Marzipan-Eigelb-Masse spritzen. Im vorgeheizten Backofen bei 200 °C 12-15 Minuten backen. Die fertigen Plätzchen auskühlen lassen.

In der Zwischenzeit für die Füllung die beiden Gelees getrennt voneinander mit je 1 EL Wasser verrühren und sirupartig einkochen lassen. Beide Gelees glatt rühren und etwas abkühlen lassen. Aus Pergamentpapier zwei kleine Tütchen formen, jeweils mit Gelee füllen, verschließen und die Spitzen der Tütchen abschneiden. Die Plätzchen abwechselnd mit rotem und gelbem Gelee ausfüllen.

Wenn das Gelee fest geworden ist, die Plätzchen in Gebäckdosen schichten, jede einzelne Schicht mit Pergamentpapier abdecken.

Für ca. 75 Stück

Grundteig:

330 g Mehl
280 g kalte Butter
120 g Puderzucker
120 g abgezogene, fein gemahlene Mandeln
Mark von 1 Vanilleschote
1 EL Rum
abgeriebene Schale von 1 unbehandelten Zitrone
1 Prise Salz
Mehl für die Arbeitsfläche

Teigrand:

200 g Marzipanrohmasse
4 Eigelb

Füllung:

150 g Johannisbeergelee
150 g Aprikosengelee

Elisenlebkuchen

Für ca. 45 Stück

Teig:

150 g Zucker
80 g Honig
3 Eier
1 Päckchen Vanillezucker
130 g grob gehackte Haselnüsse
130 g grob gehackte Walnüsse
50 g Orangeat
50 g Zitronat
Schalen von je 1/2 unbehandelten Orange und Zitrone
1/4 TL Zimt
1/4 TL gemahlene Nelken
1/4 TL gemahlener Piment
1/4 TL gemahlener Koriander
1/4 TL Muskatblüte
1/4 TL gemahlener Kardamom
1/4 TL gemahlene Muskatnuss
1/4 TL gehackter eingelegter Ingwer (ersatzweise 2 TL Lebkuchengewürz für die acht Gewürze)
60 g Mehl
ca. 45 Backoblaten von 4–5 cm Durchmesser

Schokoladenglasur:

200 g Bitterkuvertüre
1 Schuss geschmacksneutrales Öl

Punschglasur:

150 g Puderzucker
2 EL Rum
2 EL Rotwein

Den Zucker, den Honig, die Eier und den Vanillezucker mit dem Schneebesen des Handrührgerätes so lange schaumig schlagen, bis sich die Masse verdoppelt hat und richtig fest ist.

Die Haselnüsse und Walnüsse, das Orangeat und Zitronat, alle Gewürze und das Mehl untermischen. Den Teig abgedeckt im Kühlschrank über Nacht ruhen lassen.

Aus dieser Masse mithilfe eines Plätzchenportionierers oder von zwei Teelöffeln, die immer wieder in heißes Wasser getaucht werden, kleine Häufchen auf die Backoblaten setzen. Im vorgeheizten Backofen bei 200 °C 12–15 Minuten backen, anschließend auskühlen lassen.

Ein Drittel der Lebkuchen ohne Glasur lassen. Die restlichen Lebkuchen mit Schokoladen- und Punschglasur überziehen.

Für die Schokoladenglasur die Bitterkuvertüre schmelzen lassen, mit Öl verrühren und damit die Oberfläche der Elisenlebkuchen dünn einpinseln. Nach Belieben mit Mandeln, Nüssen oder kandierten Früchten dekorieren.

Oder die Elisenlebkuchen mit einer Punschglasur bestreichen. Dafür den Puderzucker mit Rum und Rotwein glatt rühren und die Lebkuchenoberfläche dünn damit einpinseln.

Die fertigen Lebkuchen in einer Blechdose aufbewahren. Das Gebäck mit einem Stück Pergamentpapier abdecken und einige Apfelschalen darüber legen. Dadurch bleiben die Elisenlebkuchen weich und saftig. Nach etwa 10 Tagen haben Lebkuchen die optimale Beschaffenheit.

Gewürzsplitter

Für ca. 25 Stück

Teig:

50 g Butter
50 g Butterschmalz
1 Eigelb
50 g Zucker
1 Päckchen Vanillezucker
1/2 TL Zimt
1 Msp gemahlene Nelken
1 Msp gemahlener Piment
100 g Mehl
100 g gehackte Mandeln

Füllung:

250 g weiße Kuvertüre
225 g Mandelstifte
(alternativ ungesalzene, gehackte Cashewkerne)

Weiches Fett, Eigelb, Zucker, Vanillezucker, Gewürze, Mehl und gehackte Mandeln zuerst mit den Knethaken des Handrührgerätes, dann mit den Händen zu einem glatten Teig verkneten. Den Teig abgedeckt mindestens 1 Stunde kalt stellen.

Den Teig portionsweise zwischen Klarsichtsfolie oder in einem großen, an einer Seite aufgeschnittenen Gefrierbeutel 2–3 mm dick ausrollen.

Runde Plätzchen mit gewelltem Rand von 3 cm Durchmesser ausstechen und auf ein mit Backpapier ausgelegtes Backblech legen. Im vorgeheizten Backofen bei 175 °C in 5–10 Minuten hellgelb backen. Abkühlen lassen.

Die grob gehackte weiße Kuvertüre im heißen Wasserbad schmelzen. Mandeln unterrühren. Jeweils 1 TL Schokoladenmandeln auf die Plätzchen geben und fest werden lassen.

Alternativ einen Teig ohne Nelken, Zimt und Piment herstellen und statt der Mandeln im Teig und obenauf ungesalzene, gehackte Cashewkerne nehmen. Kühl in einer Gebäckdose zwei bis drei Wochen aufbewahren.

Ischler Gebäck

Für ca. 20 Stück

Teig:

150 g Mehl
100 g kalte Butter
50 g Zucker
50 g fein gemahlene Haselnüsse
1 Eigelb

Füllung:

100 g Brombeermarmelade

Außerdem:

Mehl für die Arbeitsfläche
Puderzucker zum Bestreuen

Das Mehl, die Butter, den Zucker, die Nüsse und das Eigelb mit den Knethaken des Handrührgerätes rasch zu einem glatten Teig verkneten. Den Mürbeteig in Klarsichtfolie schlagen und 1 Stunde kühl ruhen lassen.

Den Teig auf einer mit Mehl bestäubten Arbeitsfläche etwa 3 mm dünn ausrollen. Aus dem Teig runde Formen ausstechen. Aus der Hälfte der Scheiben mit kleinen Ausstechern nochmals je drei Augen ausstechen. Auf ein mit Backpapier ausgelegtes Backblech setzen.

Die Plätzchen im vorgeheizten Ofen bei 200 °C etwa 10 Minuten backen, dann auskühlen lassen. Die gelochten Scheiben mit Puderzucker bestreuen. Die anderen Scheiben mit Marmelade bestreichen und die gelochten Scheiben darauf setzen.

In einer Gebäckdose mit Pergamentpapier zwischen den einzelnen Schichten kühl aufbewahren.

Spekulatius

Für den Teig die Butter mit dem Handrührgerät schaumig schlagen. Den gesiebten Puderzucker dazugeben und weiterrühren. Das Ei unterziehen.

Das Mehl mit dem Spekulatiusgewürz mischen, durchsieben und mit dem Salz unter die schaumige Masse geben. Den Teig 4-6 Stunden kalt stellen.

Auf einer bemehlten Arbeitsfläche den Teig ausrollen und mit verschiedenen Ausstechern Spekulatius ausstechen oder spezielle Spekulatiusformen verwenden.

Die Unterseite der Plätzchen mit verquirltem Eigelb bestreichen und mit den Mandelblättchen bestreuen. Auf ein mit Backpapier ausgelegtes Backblech setzen. Im vorgeheizten Backofen bei 180 °C 7-8 Minuten backen.

Die Spekulatius in eine Gebäckdose schichten. Nach zwei Wochen haben sie ihren vollen Geschmack entwickelt.

Für ca. 40 Stück

Teig:

220 g Butter
125 g Puderzucker
1 Ei
330 g Mehl
10 g Spekulatiusgewürz (Kardamom, Zimt, Muskatnuss)
Salz

Außerdem:

Mehl für die Arbeitsfläche
1-2 Eigelb zum Bestreichen
100 g Mandelblättchen

Himbeerkrapferl

Für ca. 40 Stück

Teig:

170 g Butter
110 g Puderzucker
abgeriebene Schale von 1 unbehandelten Zitrone
4 Eigelb
1 Ei
200 g Mehl
100 g gemahlene Mandeln
Butter und Mehl für das Blech

Zum Füllen:

1 Eigelb
2 EL Vollmilch
1 Prise Zucker
100 g Himbeermarmelade

Die Butter mit dem Puderzucker leicht schaumig schlagen. Die Zitronenschale hinzufügen und das Eigelb sowie das Ei nach und nach unterrühren. Das Mehl und die Mandeln mischen und unter die Masse heben. Den Teig für 2 Stunden kühl stellen.

Den gut durchgekühlten Teig zu Rollen formen und diese mit einem Messer in kleine Stücke teilen. Daraus runde Kugeln formen und auf ein gebuttertes und bemehltes Blech setzen. Das Eigelb mit 2 EL Milch und einer Prise Zucker verquirlen.

Mit einem Holzlöffelstiel in die Kugeln eine Vertiefung drücken. Die Himbeermarmelade hineinfüllen und mit der Eigelb-Milch-Zucker-Mischung die ganzen Kugeln bepinseln. Im vorgeheizten Ofen bei 160 °C ca. 15 Minuten backen, dann auskühlen lassen.

Die Krapferl in eine Gebäckdose schichten, jeweils Pergamentpapier dazwischen legen.

Guldentaler

Für ca. 20 Stück

Teig:

65 g Butter
65 g Zucker
1 Ei
2 hart gekochte Eigelb, durch ein Sieb gestrichen
100 g Mehl
1 TL Hirschhornsalz
4 EL Vollmilch

Zum Bestreichen:

1 Eigelb
1 TL Sahne
1 EL Eierlikör

Zum Bestreuen:

3 EL Farinzucker

Butter und Zucker mit den Schneebesen des Handrührgerätes schaumig rühren, bis der Zucker völlig aufgelöst ist. Das Ei und das hart gekochte Eigelb untermischen.

Das Mehl dazugeben, das Hirschhornsalz in der Milch auflösen und untermischen. Alles zu einem glatten Teig verarbeiten und kühl stellen.

Den gekühlten Teig zu einer Rolle von ca. 3 cm Durchmesser formen. In Klarsichtfolie wickeln und erneut für 1 Stunde kühl stellen. Ein Backblech mit Backpapier auslegen, die Teigrolle in ½ cm dicke Scheiben schneiden und auf das Backblech legen.

Das Eigelb, die Sahne und den Eierlikör miteinander verrühren und die Plätzchen damit bestreichen. Den Farinzucker darüber streuen. Im vorgeheizten Backofen bei 200 °C ca. 10 Minuten backen. Auskühlen lassen.

Die Guldentaler in einer Gebäckdose verschlossen aufbewahren. Nach etwa 10 - 14 Tagen Lagerung werden sie schön mürbe.

Nusskrapferl

Für den Hefeteig das Mehl, den Zucker, die Eier, die weiche Butter, das Salz, den Rum, den Vanillezucker und das Backpulver sowie die in lauwarmer Milch aufgelöste Hefe zu einem glatten Teig kneten und für 2 Stunden bei Zimmertemperatur gehen lassen.

Für die Füllung das Eiweiß steif schlagen und dabei langsam den Zucker hinzufügen. Die Nüsse unterheben und die Masse mit Zimt abschmecken.

Den Teig in drei Teile teilen, jedes Teil 3-4 mm dünn ausrollen und dünn mit der Eiweiß-Nuss-Masse bestreichen. Alle drei Teile aufrollen, kurz im Gefriergerät anfrieren und mit einem runden Ausstecher je 1 cm abstechen, sodass die Gebäckteile eine Halbmondform haben.

Die Nusskrapferl auf ein mit Backpapier ausgelegtes Backblech setzen und mit dem verquirlten Eigelb bepinseln. Im vorgeheizten Ofen bei 180 °C ca. 10 Minuten backen. In einer Gebäckdose aufbewahren.

Für ca. 25 Stück

Teig:

500 g Mehl
3 EL Zucker
3 Eier
250 g weiche Butter
1 Prise Salz
1 EL Rum
1 Päckchen Vanillezucker
1 Päckchen Backpulver
70 ml lauwarme Vollmilch
21 g frische Hefe

Füllung:

3 Eiweiß
250 g Zucker
220 g gemischte, gemahlene Nüsse
etwas Zimt

Zum Bestreichen:

2 Eigelb

Vanillekipferl

Für ca. 30 Stück

Teig:

60 g fein gemahlene Mandeln
100 g kalte Butter
40 g Puderzucker
1 Eigelb
Mark von 2 Vanilleschoten
135 g Mehl
1 Prise Salz

Zum Wälzen:

100 - 150 g Puderzucker
2 ausgekratzte Vanilleschoten

Die gemahlenen Mandeln in einer heißen Pfanne bräunen, anschließend auskühlen lassen. Die Butter, den Puderzucker, das Eigelb, das Vanillemark, das Mehl, die Mandeln und das Salz rasch mit den Händen zu einem glatten Teig kneten. Den Teig für 2 Stunden kühl stellen.

Aus dem Teig ca. 30 Kipferl formen und auf ein mit Backpapier ausgelegtes Backblech setzen. Im vorgeheizten Ofen bei 200 °C ca. 10 Minuten backen.

Die Kipferl im noch warmen Zustand in dem Vanillepuderzucker wälzen. Dafür am Tag zuvor den Puderzucker mit den zwei ausgekratzten Vanilleschoten in einem Glas mischen und dieses fest verschließen, so nimmt der Puderzucker Vanillegeschmack an.

Die Vanillekipferl in eine Gebäckdose schichten, je ein Pergamentpapier dazwischen legen.

Sahnebrezeln

Für ca. 150 Stück

Teig:

240 g Butter
150 g Puderzucker
1 Eigelb
1 TL Vanillezucker
1 Prise Salz
100 g Sahne
375 g Mehl

Glasur:

ca. 400 g Puderzucker
Saft von 1/2 Zitrone

Für den Teig die Butter und den Puderzucker mit den Schneebesen des Handrührgerätes leicht schaumig schlagen. Das Eigelb, den Vanillezucker und das Salz hinzufügen.

Die Sahne auf Handwärme erhitzen und nach und nach mit den Schneebesen in die Buttermasse einrühren. Anschließend das Mehl unterrühren.

Auf ein mit Backpapier ausgelegtes Blech mithilfe eines Spritzbeutels kleine Brezeln spritzen. Die Brezeln im vorgeheizten Ofen bei 180 °C ca. 10 Minuten backen, dann etwas abkühlen lassen.

Für die Glasur den gesiebten Puderzucker mit dem Zitronensaft und ca. 7 EL Wasser glatt rühren. Die noch warmen Brezeln in die Glasur tauchen und auf einem Gitter abtropfen lassen. In einer Gebäckdose aufbewahren.

Glühweindreispitze

Für ein 20 x 30 cm großes Backblech

Glühwein:

1/4 l Rotwein
abgeriebene Schale und Saft von je 1/2 unbehandelten Zitrone und Orange
40 g Zucker
3 ganze Gewürznelken
1/2 Zimtstange

Teig:

250 g Butter
2 EL Vanillezucker · 250 g Zucker
4 Eier
150 g fein geriebene Bitterkuvertüre
250 g Mehl
1 Päckchen Backpulver
1/8 l Glühwein

Glasur:

4–5 EL Glühwein
200 g Puderzucker

Zum Bestreuen:

120 g gehackte, geröstete Mandeln

Die Zutaten für den Glühwein in einen Topf geben. Erhitzen, aber nicht kochen, und ca. 10 Minuten ziehen lassen. Dann durch Kaffeefilterpapier gießen und die Mengen für den Teig und für die Glasur abmessen.

Für den Teig die Butter, den Vanillezucker und den Zucker mit den Schneebesen des Handrührgerätes schaumig rühren. Ein Ei nach dem anderen dazugeben und weiter schaumig schlagen.

Nach und nach die geriebene Kuvertüre, das Mehl, das Backpulver und den Glühwein unterrühren. Den Teig so lange weiterrühren, bis die Masse luftig ist.

Das Backblech mit Backpapier auslegen und den Teig bis zu drei Viertel Randhöhe darauf geben. Im vorgeheizten Backofen bei 200 °C ca. 25–30 Minuten backen.

Der Kuchen ist fertig, wenn sich eine zarte Kruste gebildet hat und die Oberfläche bei vorsichtiger Berührung leicht federt. Auf dem Backblech auskühlen lassen.

Für die Glasur den Glühwein und den gesiebten Puderzucker miteinander verrühren. Auf die Oberfläche des Kuchens streichen und die Mandeln darüber streuen. Die Glasur trocknen lassen, danach den Kuchen zuerst in Streifen, dann in Dreiecke schneiden. Mit Klarsichtfolie abgedeckt oder in einer Gebäckdose aufbewahren.

Aprikosenplätzchen

Für ca. 20 Stück

125 g geriebene Mandeln
150 g Puderzucker
50 g Mehl
70 g Vollmilch
50 g zerlassene Butter
4 Eiweiß
15 g Vanillezucker
60 g Aprikosenmarmelade
Puderzucker zum Bestäuben

Die Mandeln, den Puderzucker und das Mehl mischen. Erst die Milch, dann die lauwarme Butter untermischen und alles zu einer glatten Masse verrühren. Das Eiweiß steif schlagen, dabei den Vanillezucker einstreuen. Den Eischnee vorsichtig unter die Mandelmasse heben. Den Teig auf ein mit Backpapier ausgelegtes Backblech dünn und gleichmäßig aufstreichen.

Im vorgeheizten Backofen bei 220 °C ca. 10 Minuten backen. Anschließend mit einem runden Ausstecher von 4 cm Durchmesser Plätzchen ausstechen. Die noch relativ weichen Plätzchen nochmals für ca. 5 Minuten goldgelb fertig backen. Auf die Hälfte davon Aprikosenmarmelade streichen, mit den anderen zusammensetzen und mit Puderzucker bestäuben.

Sanddorn-Hippenröllchen

Marzipan zerbröckeln und mit Sahne glatt rühren. Nacheinander den gesiebten Puderzucker, die Eier, das Mehl und den Zimt unterrühren und den Teig durch ein feines Sieb streichen. Etwas Teig mit einem Löffel auf das gebutterte und bemehlte Backblech geben und mit dem Löffelboden zu sehr dünnen Kreisen von 5 cm Durchmesser verstreichen.

Im vorgeheizten Backofen bei 200 °C in 5–7 Minuten hellbraun backen. Das Gebäck mit einer Palette vorsichtig vom Backblech lösen und noch warm mithilfe eines Kochlöffelstieles kleine Röllchen daraus formen. Auskühlen und fest werden lassen.

Für die Sanddorncreme Eier, Zucker, Honig, Orangen- und Zitronenschale im Wasserbad warm aufschlagen. Unter ständigem Schlagen abkühlen lassen. Butter und Puderzucker schaumig schlagen, mit dem Eischaum vermischen und glatt rühren. Mit Sanddornsirup abschmecken und die Creme in einen Spritzbeutel mit kleiner Lochtülle geben. In die Hippen spritzen. Die Kuvertüre schmelzen und die Hippenenden eintauchen.

Für ca. 50 Stück

Teig:

30 g Marzipanrohmasse
2 EL Sahne · 90 g Puderzucker
2 kleine Eier · 70 g Mehl
1 Prise Zimt
Butter und Mehl für das Backblech

Sanddorncreme:

2 Eier · 40 g Zucker
40 g Honig
abgeriebene Schale von je 1/2 unbehandelten Orange und Zitrone
140 g Butter · 1 EL Puderzucker
2 EL ungesüßter Sanddornsirup

Glasur:

100 g Vollmilchkuvertüre

Kokosschnitten

Für ein 20 x 30 cm großes Backblech mit Rand

Teig:

3 Eier • 80 g Zucker
1 EL Vanillezucker
50 g Kokosflocken
30 g Mehl
80 g Bitterkuvertüre
3 EL Kokosnusslikör
40 g weiche Butter

Glasur:

70 g Puderzucker • 70 g Zucker
70 g Kakaopulver
120 g Kokosfett
3 EL Rum
1 EL Kokosnusslikör
3 EL Sahne

Zum Wälzen:

200 g Kokosflocken

Für den Teig die Eier, den Zucker und den Vanillezucker mit den Schneebesen des Handrührgerätes im heißen Wasserbad schaumig rühren, bis die Masse dicklich wird. Dann im kalten Wasserbad kalt schlagen.

Die Kokosflocken mit dem Mehl mischen. Die Kuvertüre mit einem Messer zerkleinern und im warmen Wasserbad schmelzen lassen. Die flüssige Kuvertüre zusammen mit der Kokos-Mehl-Mischung vorsichtig unter die Eimasse heben. Den Kokosnusslikör und die weiche Butter unterrühren.

Das Backblech mit Backpapier auslegen und die Teigmasse darauf verteilen. Im vorgeheizten Backofen bei 200 °C ca. 15 Minuten backen. Das Gebäck abkühlen lassen, stürzen und das Backpapier abziehen. Aus dem Gebäck 2 x 3,5 cm große Stücke schneiden.

Alle Zutaten für die Glasur in einen Topf geben und im heißen Wasserbad unter vorsichtigem Rühren auflösen, sodass eine gleichmäßige Masse entsteht.

Die Kokosschnitten mithilfe einer Gabel in die Glasur tauchen, gut abtropfen lassen und in den Kokosflocken wälzen. Kühl stellen und lagern.

Weiße Schokokugeln

Für ca. 30 Stück

Teig:

140 g weiße Kuvertüre
140 g gemahlene Mandeln
140 g Puderzucker
Mark von 1 Vanilleschote
2 EL Kokosnusslikör
1 steif geschlagenes Eiweiß

Glasur:

200 g weiße Kuvertüre
150 g Kokosflocken

Für den Teig die geschmolzene Kuvertüre mit den Mandeln, dem Puderzucker und dem Vanillemark vermischen. Den Kokosnusslikör und den Eischnee unterheben. Die Masse für 2 Stunden kühl stellen.

Anschließend aus der Masse mit angefeuchteten Händen kleine Kugeln formen, diese nochmals kühl stellen.

Zum Schluss die Kugeln in die geschmolzene Kuvertüre tauchen und direkt in den Kokosflocken wälzen.

Die Schokokugeln kühl nicht länger als drei Wochen aufbewahren.

Gefüllte Kokosmakrönchen

Für ca. 80 Stück

Mürbeteig:

100 g Mehl
40 g Puderzucker
60 g kalte Butter
2 Eigelb
1 EL Kakaopulver
2 TL Vanillezucker
abgeriebene Schale von 1 unbehandelten Orange
1 Prise Salz
Mehl für die Arbeitsfläche

Makronenteig:

100 g Eiweiß
260 g Zucker
1 EL Honig
170 g Kokosflocken
50 g Mehl

Füllung:

100 g Vollmilchkuvertüre
100 g Nougatmasse

Glasur:

150 g Bitterkuvertüre

Alle Zutaten für den Mürbeteig mit den Knethaken des Handrührgerätes in einer Rührschüssel zu einem glatten Teig verkneten. Zu einer Kugel formen und in Klarsichtfolie eingewickelt für 1 Stunde in den Kühlschrank stellen.

Für den Makronenteig das Eiweiß steif schlagen, den Zucker dabei einrieseln lassen und den Honig dazugeben. Im heißen Wasserbad schaumig schlagen, bis die Masse warm und etwas zäh ist.

Aus dem Wasserbad nehmen und ca. 10 Minuten weiterschlagen, bis die Masse wieder abgekühlt ist. Die Kokosflocken und das Mehl mischen, beides unter den Eischaum heben.

Die Masse in einen Spritzbeutel mit Lochtülle geben. Ein Backblech mit Backpapier auslegen und gut kirschgroße Häufchen der Makronenmasse aufspritzen.

Die Makronen im vorgeheizten Backofen bei 190 °C ca. 12–13 Minuten backen. Auskühlen lassen.

Den Mürbeteig auf einer mit Mehl bestäubten Arbeitsfläche ca. 2–3 mm dünn ausrollen. Dann Kreise von 3 cm Durchmesser ausstechen und auf ein mit Backpapier ausgelegtes Backblech legen.

Die Mürbeteigkreise im vorgeheizten Backofen bei 200 °C ca. 12 Minuten backen. Auskühlen lassen.

Für die Füllung die Vollmilchkuvertüre schmelzen, das zerkleinerte Nougat hinzufügen und beides miteinander cremig aufschlagen. Die Masse in einen kleinen Spritzbeutel geben und auf die Mürbeteigplätzchen spritzen. Die Kokosmakrönchen darauf setzen und für ca. 15 Minuten kühl stellen.

Für die Glasur die Bitterkuvertüre schmelzen, temperieren (siehe Seite 13) und das Unterteil der Gebäckstücke bis zur Unterseite der Makrönchen hineintauchen, dann auf Pergamentpapier setzen.

Sobald die Kuvertüre trocken ist, die gefüllten Kokosmakrönchen in eine Gebäckdose schichten. Jede Schicht mit Pergamentpapier abdecken. Kühl aufbewahren.

Ingwerhäppchen

Lauwarme Butter, Zucker, Eiweiß, Mehl, Mandeln, Ingwer, Ingwerpulver und Orangenschale mit den Schneebesen des Handrührgerätes zu einem glatten Teig verrühren.

Den Teig in einen Spritzbeutel mit kleiner Lochtülle geben und die Stanniolkapseln zu drei Viertel damit füllen.

Die Ingwerhäppchen im vorgeheizten Backofen bei 220 °C ca. 12–15 Minuten backen, dann die Plätzchen auskühlen lassen und vorsichtig aus den Förmchen nehmen.

Für die Glasur die Kuvertüre schmelzen, temperieren (siehe Seite 13) und die obere Seite der Ingwerhäppchen hineintauchen.

Kurz bevor die Kuvertüre trocken ist, die Ingwerhäppchen mit Pinienkernen oder Mandelvierteln verzieren. Das Gebäck möglichst nebeneinander in einer Dose aufbewahren.

Für ca. 45 Stanniolkapseln

Teig:

100 g zerlassene Butter
120 g Zucker
4 Eiweiß · 60 g Mehl
70 g gemahlene, geröstete Mandeln
5 g fein gehackter eingelegter Ingwer
1 TL Ingwerpulver
abgeriebene Schale von 1 unbehandelten Orange

Glasur:

100 g Bitterkuvertüre

Zum Verzieren:

45 Pinienkerne oder Mandelviertel

Butterstangerl

Für ca. 40 Stück

Teig:

300 g Mehl
1 Päckchen Backpulver
1 Prise Salz
1 Eigelb
2 EL Wein (oder Most)
2 EL Sahne
280 g kalte Butter

Glasur:

1 Eiweiß
120–150 g Puderzucker

Das Mehl und das Backpulver in eine Schüssel sieben und in die Mitte eine Mulde drücken. Salz, Eigelb, Wein und Sahne in die Mulde geben. Die kalte Butter in Stückchen rundherum auf den Mehlrand setzen.

Alles schnell mit den Knethaken des Handrührgerätes zu einem Mürbeteig verkneten. Den Teig in Klarsichtfolie schlagen und einige Stunden, am besten über Nacht, kühl gestellt ruhen lassen.

Für die Glasur das Eiweiß mit so viel Puderzucker vermischen, dass eine zähe Masse entsteht. Den Teig messerrückendick ausrollen, mit Glasur bestreichen und Stangen ausradeln oder ausschneiden.

Die Butterstangerl auf ein mit Backpapier ausgelegtes Backblech legen. Die Stangen im vorgeheizten Backofen bei 220 °C ca. 15 Minuten backen, auskühlen lassen.

Die Butterstangerl in eine Gebäckdose schichten, die einzelnen Schichten mit Pergamentpapier abtrennen.

Mürbeteig Grundrezept

Für ca. 1 kg Teig

500 g Mehl
200 g Puderzucker
350 g kalte Butter, in Würfeln
1 Ei
1 Prise Salz
1 Msp Zimt
Mark von 1 Vanilleschote

Das Mehl in eine Schüssel sieben und in die Mitte eine Mulde drücken. Den Puderzucker in die Mulde geben, die kalte Butter in Stückchen rundherum auf den Mehlrand setzen. Das Ei mit Salz, Zimt und Vanillemark ebenfalls in die Mulde geben.

Alle Zutaten mit dem Knethaken des Handrührgerätes rasch zu einem glatten Teig verarbeiten. Den Teig zu einer Kugel formen und in Klarsichtfolie packen. Anschließend für 2 Stunden kühl stellen.

Tipp: Es bedarf etwas Kraft, den Mürbeteig mit dem Handrührgerät zu kneten. Sie können den Teig deshalb auch mit den Händen auf einer bemehlten Arbeitsfläche verkneten. Allerdings nicht zu lange, weil der Teig sonst zu warm und klebrig wird.

Ananaspastetchen

Den Mürbeteig dünn ausrollen und Böden von 2 cm Durchmesser ausstechen. Diese auf ein mit Backpapier ausgelegtes Backblech setzen und im vorgeheizten Ofen bei 180 °C ganz leicht ca. 6 Minuten farblos vorbacken, beiseite stellen.

Für den Teig die Butter mit dem Puderzucker vermischen. Das hart gekochte Eigelb durch ein Sieb streichen und unter die Butter-Zucker-Mischung geben, das Mehl unterkneten. Anschließend den Teig für 3 Stunden kühl stellen.

Nun den gut durchgekühlten Teig auf einer bemehlten Arbeitsfläche 1 ½ cm dick ausrollen. Mit einem gewellten Ausstecher von 2 cm Durchmesser Taler ausstechen und mit einem kleineren Ausstecher von 1 cm Durchmesser die Mitte der Taler ausstechen.

Die Mürbeteigböden mit etwas Eigelb bestreichen, darauf die anderen »Teigräder« setzen und im vorgeheizten Ofen bei 200 °C ca. 10 Minuten backen, auskühlen lassen.

Die Ananasmarmelade glatt rühren und in die Mitte der Pastetchen füllen. Die geschmolzene Kuvertüre auf die Marmelade spritzen und mit Pistazien bestreuen. Gut verschlossen in einer Gebäckdose aufbewahren.

Für ca. 50 Stück

500 g Mürbeteig
(Grundrezept siehe S. 66)

Teig:

225 g weiche Butter
60 g Puderzucker
7 hart gekochte Eigelb
300 g Mehl

Außerdem:

Mehl für die Arbeitsfläche
verquirltes Eigelb zum Bestreichen
250 g Ananasmarmelade
100 g Vollmilchkuvertüre
100 g gemahlene Pistazien

Operaschnitten

Für ca. 50 Stück

Biskuit:

4 Eier
120 g Zucker
60 g Mehl
60 g Puderzucker
40 g zerlassene Butter
Puderzucker zum Bestäuben

Zum Tränken:

1/4 l Läuterzucker
15 g Instant-Espressopulver
1/8 l starker Kaffee
5 EL Rum

Zum Bestreichen:

50 g Aprikosenmarmelade
50 g Bitterkuvertüre

Schokoladencreme:

200 g Bitterkuvertüre
125 g Sahne
25 g Butter

Buttercreme:

125 g Butter
5 g Puderzucker
3 EL Kaffeelikör
1-2 EL Instant-Espressopulver

Glasur:

150 g Bitterkuvertüre

Eier und Zucker mit den Schneebesen des Handrührgerätes in 5 Minuten sehr schaumig schlagen. Mehl und Puderzucker darüber sieben und zusammen mit der lauwarmen Butter unterheben.

Zwei Backbleche mit Backpapier auslegen und den Biskuitteig darauf verstreichen. Im vorgeheizten Backofen bei 200 °C ca. 12 Minuten backen. Die gebackenen Biskuitböden auf je ein sauberes, mit Puderzucker bestäubtes Geschirrtuch stürzen, das Backpapier vorsichtig abziehen.

Den Läuterzucker zum Tränken mit Espressopulver, Kaffee und Rum verrühren, beiseite stellen. Die ausgekühlten Biskuitböden vorsichtig umdrehen und halbieren, sodass vier gleich große Platten entstehen.

Zum Bestreichen die Marmelade unter Rühren aufkochen, dünn auf eine Biskuitplatte streichen. Die Kuvertüre schmelzen, temperieren (siehe Seite 13), auf die angetrocknete Marmelade streichen. Fest werden lassen.

Für die Schokoladencreme die Bitterkuvertüre zerkleinern, Sahne und Butter aufkochen und die Kuvertüre darin unter ständigem Rühren auflösen. Abkühlen lassen, bis die Creme dicklich wird.

Die kalt gestellte Biskuitplatte mit der Schokoladenseite nach unten auf eine Platte legen und mit einem Viertel der Läuterzuckermischung tränken. Darauf eine Schicht Schokoladencreme streichen und die zweite Biskuitplatte darauf legen.

Diese Platte ebenfalls mit einem Viertel der Läuterzuckermischung tränken und mit Schokoladencreme bestreichen. Mit der dritten Biskuitplatte ebenso verfahren, die vierte Platte darüber legen, aber vorerst nur tränken. Ein mit Alufolie bespanntes Holzbrettchen zum Beschweren darauf legen und die Schichten 30 Minuten lang pressen: Nicht zu schwere Gegenstände auf das Brettchen legen, z. B. ein oder zwei Pakete Mehl.

Inzwischen für die Buttercreme Butter und Puderzucker zusammen sehr schaumig schlagen. Den Kaffeelikör und das Espressopulver dazugeben und so lange weiterschlagen, bis eine cremige Masse entsteht. Die gepressten Biskuitschichten mit der übrigen, nochmals gut durchgerührten Schokoladencreme bestreichen und im Kühlschrank fest werden lassen. Dann die Buttercreme darauf streichen, das Gebäck erneut kühl stellen.

Für die Glasur die Bitterkuvertüre schmelzen und temperieren (siehe Seite 13), dann gleichmäßig über die gepresste Biskuitschnitte verteilen. Bevor die Kuvertüre fest geworden ist, mit einem Sägemesser ein Wellenmuster auf der Oberfläche ziehen. Sobald die Glasur trocken ist, die Operaschnitten in 2,5 x 4 cm große Stücke schneiden. Nach Belieben mit je einer Messerspitze Blattgold verzieren und, mit Klarsichtfolie abgedeckt, maximal eine Woche kühl aufbewahren.

Punschkrapferl

Für ca. 30 Stück

Teig:

3 Eier
abgeriebene Schale von 1/2 unbehandelten Zitrone
90 g Zucker
1 TL Vanillezucker
70 g Mehl
30 g zerlassene Butter
etwas Zucker zum Bestreuen

Füllung:

150 g Butter
1 EL Puderzucker
2 Eier
70 g Zucker
2 EL Rotwein
4 EL Rum
abgeriebene Schale von 1 unbehandelten Orange

Glasur:

500 g Fondant (siehe Seite 15)
2 EL Rotwein

Zum Verzieren:

verschiedene kandierte Früchte oder Nusskerne

Eier, Zitronenschale, Zucker und Vanillezucker im heißen Wasserbad mit den Schneebesen des Handrührgerätes schaumig aufschlagen, bis die Masse warm ist. Herausnehmen und in einem kalten Wasserbad unter Rühren abkühlen lassen.

Das Mehl darüber sieben und zusammen mit der lauwarmen Butter vorsichtig unter die Eischaummasse heben. Ein Backblech mit Backpapier auslegen und den Teig gleichmäßig darauf verteilen. Im vorgeheizten Backofen bei 200 °C ca. 15 Minuten backen.

Den gebackenen Biskuit auf ein dünn mit Zucker bestreutes Geschirrtuch stürzen und das Backpapier vorsichtig abziehen. Das Gebäck auskühlen lassen, zwei 14 x 22 cm große Rechtecke daraus ausschneiden und beiseite stellen. Die Biskuitreste zerbröseln, ebenfalls beiseite stellen.

Für die Füllung die Butter mit dem gesiebten Puderzucker schaumig schlagen. Die Eier und den Zucker im warmen Wasserbad schaumig schlagen, herausnehmen und unter ständigem Schlagen abkühlen lassen. Butter- und Eiermasse müssen die gleiche Temperatur haben.

Beide Massen miteinander vermischen, Rotwein, Rum, Orangenschale und Biskuitbrösel unterrühren. Die Füllung auf eines der Biskuitrechtecke streichen und das zweite Rechteck obenauf legen.

Ein mit Alufolie bespanntes Brettchen darauf legen, mit ein oder zwei Paketen Mehl beschweren und alles ca. 3 Stunden kühl stellen. Mit einer Ausstechform Kreise von 3 cm Durchmesser aus dem Gebäck ausstechen und auf ein Kuchengitter legen. Erneut kühl stellen.

Den Fondant zusammen mit dem Rotwein im Wasserbad auf 35 °C erwärmen und dabei zu einer gleichmäßigen Glasurmasse verrühren. Die Punschkrapferl damit überziehen und, kurz bevor die Glasur trocken ist, mit kandierten Fruchtstücken oder Nüssen verzieren. Kühl aufbewahren.

Tipp: Die Gebäckreste, die beim Ausstechen der Punschkrapferl anfallen, können für ein Dessert, z. B. mit Fruchtsaft getränkt und mit Vanillecreme geschichtet, verwendet werden.

Verlorene Kirschen

Die Marzipanrohmasse mit den Knethaken des Handrührgerätes gut durchkneten. Das Ei und das Eigelb nach und nach unterkneten, sodass sich keine Klümpchen bilden. Die Masse beiseite stellen.

Butter, Zucker und Vanillezucker miteinander verrühren, nicht schaumig schlagen. Die Marzipan-Eier-Masse, den Honig, den Zitronensaft, das Kirschwasser, das Mehl und eine Prise Salz nacheinander unter die Butter-Zucker-Masse rühren.

Den Teig in einen Spritzbeutel mit mittlerer Lochtülle geben. Die Kirschen in einem Sieb abtropfen lassen und den Saft für die Glasur auffangen. Etwas Teig in jedes Förmchen spritzen, je eine Kirsche darauf legen und nochmals etwas Teig darüber spritzen.

Die gefüllten Förmchen auf ein Backblech setzen und im vorgeheizten Backofen bei 200 °C ca. 15–18 Minuten backen.

Für die Glasur den gesiebten Puderzucker mit Kirschsaft und Kirschwasser glatt rühren. Das Gebäck mit den versunkenen Kirschen auskühlen lassen. Die überstehende Gebäckoberfläche in die Kirschglasur tauchen und trocknen lassen.

In einer Gebäckdose oder mit Klarsichtfolie abgedeckt aufbewahren.

Für ca. 30 kleine Papierförmchen von 2,5 cm Durchmesser

Teig:

140 g Marzipanrohmasse
1 Ei
1 Eigelb
90 g Butter
40 g Zucker
1 TL Vanillezucker
20 g Honig
1 EL Zitronensaft
1 EL Kirschwasser
20 g Mehl
1 Prise Salz

Füllung:

30 kleine, eingelegte Kirschen

Kirschglasur:

150 g Puderzucker
3 EL Kirschsaft
1 EL Kirschwasser

Baisergebäck

Für ca. 60 Stück

Baiser:

5 Eiweiß
200 g Puderzucker
1 Prise Salz

Füllung:

150 ml Vollmilch
35 g Zucker
15 g Puddingpulver
1 Eigelb
50 g Nougatmasse
50 g Butter
30 g geschlagene Sahne

Garnierung:

Kakaopulver
Kuvertüre
gehackte Pistazien

Das Eiweiß mit dem Puderzucker und dem Salz verrühren. Im heißen Wasserbad steif schlagen, bis eine Temperatur von ca. 50 °C erreicht ist. Nun aus dem Wasserbad nehmen und langsam das Eiweiß kalt schlagen.

Das steif geschlagene Eiweiß in einen Spritzbeutel füllen. Mit einer Loch- bzw. Sterntülle verschiedene Formen, zum Beispiel Halbkugeln, Bärentatzen oder Zungen, auf ein mit Backpapier ausgelegtes Blech spritzen.

Im vorgeheizten Ofen bei 80 °C mindestens 6–8 Stunden vollständig austrocknen lassen. Dabei die Türe des Ofens einen Spaltbreit offen lassen.

Einige Gebäckstücke kann man mit einer Füllung fertig stellen. Dafür 100 ml Milch mit 20 g Zucker aufkochen. Die restliche Milch mit dem Puddingpulver verrühren. Das Eigelb mit dem restlichen Zucker aufschlagen und langsam unter ständigem Rühren in die aufgekochte Milch einlaufen lassen.

Das aufgelöste Puddingpulver ebenfalls in die heiße Milch rühren und aufquellen lassen bis zur Puddingkonsistenz. Das Nougat in der heißen Puddingmasse auflösen und auskühlen lassen. Die Butter schaumig schlagen, unter die ausgekühlte Masse rühren und zum Schluss die geschlagene Sahne unterheben.

Die fertige Masse nach Belieben auf umgedrehte Baiserzungen, -tatzen oder -halbkugeln spritzen und die jeweils gleichen Gebäckstücke darauf setzen.

Andere Gebäckstücke können mit Kakaopulver bestreut oder bis zur Hälfte in geschmolzene Kuvertüre getaucht und mit gehackten Pistazien garniert werden.

Die Baisers fest verschlossen in einer Dose aufbewahren. An der Luft ziehen sie Feuchtigkeit und werden weich.

Pralinen

Schwarzwälder Kirschspitzen

Für ca. 60 Stück

Biskuit:

3 Eier
1 Eigelb
1 Prise Salz
85 g Zucker
Mark von 1/2 Vanillestange
70 g Mehl
1 gehäufter EL Kakaopulver
25 ml geschmacksneutrales Öl
25 ml Milch

Füllung:

275 g Sahne
100 g Zucker
3 EL Kirschwasser
175 g Bitterkuvertüre
250 g Butter

Außerdem:

100 g Kirschmarmelade
100 g geröstete Mandelblättchen

Für den Biskuit Eier, Eigelb, Salz, Zucker und Vanillemark in einer Schüssel mit dem Handrührgerät schaumig schlagen, bis es eine cremige, standfeste Masse geworden ist.

Das Mehl mit dem Kakaopulver mischen, unter Rühren langsam in die Schaummasse rieseln lassen und dabei mit dem Holzspatel untermischen. Zum Schluss Öl und Milch in dünnem Strahl in die Biskuitmasse laufen lassen und unterrühren.

Die Masse auf ein mit Backpapier ausgelegtes Backblech streichen und bei 200 °C ca. 10 Minuten backen, abschließend auskühlen lassen.

Mit einem runden Ausstecher von 4 cm Durchmesser kleine Taler ausstechen und diese dünn mit Kirschmarmelade bestreichen.

Für die Füllung Sahne, Zucker und Kirschwasser aufkochen und die dunkle Kuvertüre darin schmelzen. Die Masse erkalten lassen. Währenddessen die Butter schaumig schlagen. Wenn die Butter und die Schokoladenmasse die gleiche Temperatur haben, beide mit einem Spatel vorsichtig vermischen.

Die Masse in einen Spritzbeutel mit Sterntülle füllen und auf die Biskuittaler Spitzen spritzen.

Abschließend die gerösteten Mandelblättchen in die Spitzen stecken und die Pralinen für 2 Stunden kühl stellen. Gut kühl aufbewahren.

Orangen-Krokantschnitten

Für ein 20 x 30 cm großes Backblech mit 2 cm hohem Rand

Teig:

100 g Butter
100 g Puderzucker
1 TL Vanillezucker
2 Eier
100 g Mehl
100 g gemahlene Haselnüsse
1 TL Backpulver
je 1 Prise Zimt und gemahlene Nelken
abgeriebene Schale von 1/2 unbehandelten Zitrone

Zum Bestreichen:

200 g Orangenmarmelade

Krokantbelag:

100 g Butter
50 g Zucker
2 EL flüssiger Honig
25 g gewürfeltes Zitronat
25 g gewürfeltes Orangeat
50 g gehackte Mandeln
50 g gehackte Haselnüsse
50 g gemahlene Mandeln
1 EL Orangenlikör

Butter, Puder- und Vanillezucker mit den Schneebesen des Handrührgerätes schaumig rühren. Die Eier nacheinander unterrühren. Mehl, Haselnüsse, Backpulver, Gewürze und Zitronenschale untermischen.

Das Backblech mit Backpapier auslegen, die Teigmasse darauf geben und glatt streichen. Das Blech mit dem Teig ½ Stunde lang kühl stellen.

Die Orangenmarmelade in einem Topf bei geringer Hitze unter Rühren auflösen. Die flüssige Marmelade dünn auf die kalte Teigmasse streichen. Erneut kühl stellen.

Für den Krokantbelag Butter, Zucker und Honig in einem Topf unter Rühren erhitzen und dickflüssig einkochen lassen. Sobald sich die Masse leicht bräunlich färbt, den Topf vom Herd nehmen.

Die übrigen Zutaten unterrühren und die Krokantmasse etwas abkühlen lassen. Die Masse auf dem mit Orangenmarmelade bestrichenen Teig verteilen.

Im vorgeheizten Backofen bei 220 °C ca. 20–25 Minuten backen. Das Gebäck auf dem Blech erkalten lassen. Das abgekühlte Gebäck vom Blech stürzen und das Backpapier abziehen.

Das Orangen-Krokant-Gebäck in Alufolie verpackt aufbewahren und innerhalb von ein bis zwei Wochen nach Bedarf aufschneiden

Orangen-Schokorollen

Für ca. 50 Stück

Cremefüllung:

300 g Vollmilchkuvertüre
100 g Bitterkuvertüre
150 g Sahne
50 g weiche Butter
3 EL Orangenlikör
2 EL Orangensaft

Außerdem:

200 g Marzipanrohmasse
80 g Puderzucker und
Puderzucker für die Arbeitsfläche
2 EL Orangenlikör
200 g Bitterkuvertüre
50 g Vollmilchkuvertüre

Für die Cremefüllung die Kuvertüren schmelzen, die Sahne aufkochen lassen und die geschmolzenen Kuvertüren einrühren. Anschließend alles auskühlen lassen und die weiche Butter darunter rühren. Wenn die Masse in einem festen, aber nicht eiskalten Zustand ist, mit einem Handrührgerät cremig aufschlagen. Dabei nach und nach den Likör und den Saft hinzufügen.

Für die Unterlage das Marzipan mit dem Puderzucker und dem Orangenlikör verkneten. Auf einer mit Puderzucker bestäubten Arbeitsfläche ca. 2-3 mm dünn ausrollen und in Streifen schneiden. Auf das Marzipan mit einem Spritzbeutel mit Lochtülle längliche Rollen der Cremefüllung aufspritzen und die Creme im Kühlschrank fest werden lassen.

Die Bitterkuvertüre schmelzen. Anschließend von den Marzipan-Creme-Stangen mit einem angewärmten Messer gleich große Stücke von ca. 3 cm Länge schneiden. Die Orangen-Schokorollen in die geschmolzene Bitterkuvertüre tauchen, kurz abtropfen lassen und auf ein Gitter setzen. Die Vollmilchkuvertüre schmelzen, mit 1-2 Tropfen Wasser verrühren und in ein kleines Pergamentpapiertütchen füllen. Eine winzige Spitze davon abschneiden und feine Linien auf die Orangen-Schokorollen spritzen.

Nach Erstarren der Schokolade die Pralinen vom Gitter nehmen. Die Orangen-Schokorollen kühl gelagert maximal drei Wochen aufbewahren.

Eisbergspitzen

Für ca. 50 Stück

Füllung:

125 g weiße Kuvertüre
75 g Butter
75 g Puderzucker
8 EL trockener Sekt
abgeriebene Schale und Saft von
1/2 unbehandelten Zitrone

Unterlage:

70 g Puderzucker
80 g Marzipanrohmasse

Glasur:

400 g weiße Kuvertüre

Zum Verzieren:

1-2 EL gehackte Pistazienkerne

Die Kuvertüre zerkleinern, im heißen Wasserbad schmelzen. Butter und Puderzucker mit den Schneebesen des Handrührgerätes schaumig schlagen. Unter ständigem Rühren lauwarme Kuvertüre, Sekt, Zitronenschale und -saft dazugeben und so lange schaumig schlagen, bis eine spritzfähige Masse entsteht. In einen Spritzbeutel mit mittlerer Lochtülle füllen und beiseite legen.

Den gesiebten Puderzucker mit dem Marzipan verkneten, zwischen zwei Blatt Klarsichtfolie legen und ca. 3 mm dünn ausrollen. Die Folie abziehen, aus dem Marzipanteig Kreise von 2,5–3 cm Durchmesser ausstechen und auf ein mit Backpapier ausgelegtes Tablett legen. Die Masse aus dem Spritzbeutel auf die Marzipankreise spritzen und kühl stellen.

Für die Glasur die Kuvertüre schmelzen und temperieren (siehe Seite 13). Die kalten Eisbergspitzen auf ein Gitter setzen und eine flache Schale zum Auffangen der Kuvertüre darunter stellen. Die Kuvertüre mit einem Esslöffel über die Eisbergspitzen geben und gut ablaufen lassen. Mit den Pistazien bestreuen. Kühl und nicht zu lange aufbewahren.

Rumpralinen

Für ca. 80 Stück

Pralinenmasse:

100 g Sahne
4 EL Rum
75 g Butter
300 g Bitterkuvertüre
2 Eigelb

Glasur:

ca. 300 g Bitter- oder Vollmilchkuvertüre

Zum Verzieren:

verschiedene kleine Nüsse, kandierte Früchte oder Schokolade

Sahne und Rum in einem kleinen Topf erhitzen. Kurz vor dem Kochen vom Herd nehmen, die Butter dazugeben und unter Rühren darin schmelzen lassen. Währenddessen die klein geschnittene Kuvertüre vorsichtig im Wasserbad schmelzen lassen. Unter ständigem Rühren nach und nach das Eigelb und die geschmolzene Kuvertüre in die heiße Sahne-Butter-Mischung geben.

Ein 18 x 25 cm großes Blech mit 2 cm hohem Rand mit Klarsichtfolie auslegen, die Pralinenmasse darauf geben und mit Klarsichtfolie abdecken. Etwa 24 Stunden kühl stellen. Stürzen, die Folie vorsichtig abziehen und etwa 80 kleine Rechtecke aus der festen Pralinenmasse schneiden.

Für die Glasur die Kuvertüre schmelzen, temperieren (siehe Seite 13) und die Pralinen damit überziehen: Auf eine Gabel oder Pralinengabel setzen und in die Kuvertüre tauchen. Danach zum Trocknen auf Pergamentpapier setzen. Bevor die Kuvertüre ganz trocken ist, kann man die Pralinen mit Nüssen und kandierten Fruchtstücken verzieren. Die Pralinen bis zum Verzehr in Papierpralinenförmchen setzen. Kühl aufbewahren.

Mokkatrüffel

Sahne, Espressopulver und Butter in einem Topf aufkochen. Beiseite stellen, geraspelte Kuvertüre und Mokkalikör dazugeben und so lange vorsichtig rühren, bis die Schokolade vollständig geschmolzen ist. Ein 18 x 25 cm großes Backblech mit 2 cm Randhöhe mit Backpapier auslegen und die Schokoladen-Mokka-Mischung durch ein Sieb darauf gießen. Für etwa 5-6 Stunden in ein Gefriergerät stellen.

Die Arbeitsfläche großzügig mit der Hälfte des Kakaopulvers bestreuen und die Trüffelmasse darauf stürzen. Das Backpapier abziehen und die Oberfläche der gefrorenen Trüffelmasse mit dem übrigen Kakao bestreuen. Nun 30-40 gleich große Quadrate aus der Trüffelmasse schneiden. Die einzelnen Trüffelwürfel rundherum in dem Kakao wenden und den überschüssigen Kakao gut abschütteln. Auf ein Tablett legen.

Zum Verzieren die Kuvertüre schmelzen, temperieren (siehe Seite 13) und in ein kleines Pergamentpapiertütchen geben. Eine winzige Spitze von dem Tütchen abschneiden und auf die Mitte jedes Trüffelwürfels einen Tupfer Kuvertüre spritzen. Je eine Schokoladen-Mokkabohne darauf setzen. Abgedeckt und kühl aufbewahren.

Für 30-40 Stück

250 g Sahne
2 EL Instant-Espressopulver
225 g Butter
225 g geraspelte Halbbitterkuvertüre
4 EL Mokkalikör

Zum Bestreuen:

120 g Kakaopulver

Zum Verzieren:

50 g Vollmilchkuvertüre
30-40 Schokoladen-Mokkabohnen

Pralinentürmchen

Für ca. 45 Stück

135 hauchdünne Bitterschokoladentäfelchen (ca. 5 Päckchen)

Pralinenschaum:

1 Blatt weiße Gelatine
300 g Sahne
1 Eiweiß
90 g Bitterkuvertüre
100 g dunkle Nougatmasse
1 Ei
abgeriebene Schale von ½ unbehandelten Orange
1 EL Rum
1 EL Orangenlikör

Zum Verzieren:

50 g Marzipanrohmasse
50 g Puderzucker
50 g weiße Kuvertüre

Für den Pralinenschaum die Gelatine in kaltem Wasser einweichen. Die Sahne cremig schlagen, das Eiweiß steif schlagen. Die Kuvertüre und das Nougat zerkleinern, im Wasserbad schmelzen und auf etwa 40 °C temperieren lassen (siehe Seite 13). Ei, Orangenschale, Rum und Orangenlikör im heißen Wasserbad schaumig aufschlagen und die ausgedrückte Gelatine in dem heißen Eischaum auflösen. Herausnehmen und die Nougat-Kuvertüre unter ständigem Rühren dazugeben.

Die Sahne und den Eischnee vorsichtig unterheben und den Pralinenschaum für 3 Stunden kühl stellen. Den Pralinenschaum in einen Spritzbeutel mit kleiner Lochtülle geben und kleine Spiralen auf ein Drittel der Schokoladentäfelchen spritzen. Auf ein Tablett legen. Mit je einem Schokoladenblättchen belegen und darauf erneut Pralinenschaum spritzen. Das letzte Drittel der Schokoladenblättchen obenauf setzen und etwas andrücken, damit die Zwischenräume kleiner werden.

Zum Verzieren das Marzipan mit Puderzucker verkneten. Die Masse zwischen zwei Blatt Klarsichtfolie legen und dünn ausrollen. Die Folie abziehen und kleine Weihnachtsmotive aus der Marzipanmasse ausstechen. Die weiße Kuvertüre im heißen Wasserbad schmelzen, mit 2–3 Tropfen Wasser verrühren und in ein kleines Pergamentpapiertütchen füllen. Eine winzige Spitze davon abschneiden und feine weiße Linien auf die oberen Schokoladentäfelchen spritzen. Die Marzipanmotive darauf legen. Gut gekühlt servieren.

Weinbrandkugeln

Für ca. 50 Stück

160 g Bitterkuvertüre
120 g Puderzucker
120 g gemahlene Haselnüsse
1 Eiweiß · 5 EL Weinbrand
abgeriebene Schale von 1 unbehandelten Orange

Füllung:

80 g Butter · Mark von 1 Vanilleschote · 4 hart gekochte Eigelb

Glasur: *200 g Bitterkuvertüre*

Zum Wälzen: *4 EL Kakaopulver*

Die Kuvertüre im heißen Wasserbad schmelzen lassen. Puderzucker, geröstete Haselnüsse, Kuvertüre, Eiweiß, Weinbrand und Orangenschale verrühren und ½ Stunde in den Kühlschrank stellen.

Die Butter für die Füllung so lange schaumig schlagen, bis sie fast weiß ist. Das Vanillemark und das durch ein Sieb gestrichene Eigelb unterrühren. Aus der kalten Schokomasse kirsch- bis walnussgroße Kugeln formen, mit dem kleinen Finger eine Vertiefung in die Mitte drücken. Die Füllung in einen Spritzbeutel mit kleiner Lochtülle geben und in die Vertiefungen spritzen. Die Weinbrandkugeln wieder verschließen.

Für die Glasur die Kuvertüre schmelzen, temperieren (siehe Seite 13) und die Weinbrandkugeln mithilfe einer Pralinengabel hineintauchen. Gut abtropfen lassen und danach in dem Kakaopulver wälzen. Kühl lagern.

Rumstangen

Für ca. 45 Stück

40 g Kakaopulver
130 g Puderzucker
1 Eigelb
3 TL Rum
2 Fläschchen Rumaroma
1 EL Butter
50 g Marzipanrohmasse

Glasur:

150 g Vollmilchkuvertüre

Zum Verzieren:

30 g Bitterkuvertüre

Kakaopulver und 80 g Puderzucker in eine Schüssel sieben. Eine Vertiefung in die Mitte drücken. Eigelb, 2 TL Rum und das Rumaroma in die Vertiefung geben und die Butter in Flöckchen auf den Rand setzen. Mit den Knethaken des Handrührgerätes zu einer glatten Masse verkneten.

Das Marzipan mit dem übrigen gesiebten Puderzucker und 1 TL Rum verkneten. Den Marzipanteig zwischen zwei Blatt Klarsichtfolie legen und 2 mm dünn zu einem Quadrat ausrollen. Die Folie abziehen und 1 cm breite Marzipanbahnen schneiden.

Die Kakaomasse zu Röllchen von ½ cm Durchmesser formen. Die Marzipanbahnen mit Wasser bestreichen, die Kakaoröllchen längs darauf legen und leicht andrücken. Die Bahnen in 3 cm lange Stücke schneiden und etwas antrocknen lassen, damit die Kakaoröllchen auf dem Marzipan kleben bleiben. Für die Glasur die Vollmilchkuvertüre schmelzen, temperieren (siehe Seite 13) und die kleinen Rumstangen mithilfe einer Pralinengabel hineintauchen. Abtropfen lassen und zum Trocknen auf ein mit Backpapier ausgelegtes Tablett legen.

Zum Verzieren die Bitterkuvertüre schmelzen und temperieren (siehe Seite 13), in ein kleines Pergamentpapiertütchen geben. Eine winzige Spitze von dem Tütchen abschneiden, die Rumstangen mit feinen Linien überziehen. Kühl lagern.

Orangenkonfekt

Für ca. 50 Stanniolkapseln

ca. 250 g Bitterkuvertüre
100 g helles Mandelnougat
100 g Butter
abgeriebene Schale von 1 unbehandelten Orange
1-2 EL Orangensaft

Zum Verzieren:

kandierte Fruchtstücke

Die 50 Stanniolkapseln dicht nebeneinander stellen und mit ca. 150 g geschmolzener, temperierter (siehe Seite 13) Kuvertüre füllen. Die Kapseln wieder leeren, sodass nur ein dünner Kuvertürefilm zurückbleibt. Dazu legt man die gefüllten Stanniolkapseln kopfüber auf ein Gitter, unter dem eine Schale die abtropfende Kuvertüre auffängt.

Mandelnougat und die restlichen 100 g Kuvertüre klein schneiden und vorsichtig im Wasserbad schmelzen. Temperieren (siehe Seite 13). Die Butter in einer Schüssel mit den Schneebesen des Handrührgerätes schaumig schlagen. Unter Rühren die Nougat-Kuvertüre zur Butter geben. Alles mit Orangenschale und -saft aromatisieren, schaumig aufschlagen.

In einen Spritzbeutel mit Sterntülle füllen und in die Stanniolkapseln spritzen. Nach Belieben verzieren und bis zum Verzehr kühl stellen.

Dominosteine

Das zerbröckelte Marzipan mit dem gesiebten Puderzucker und 1-2 EL Birnengeist verkneten, abgedeckt kühl stellen. Die Sahne zusammen mit der Butter aufkochen und beiseite stellen.

Die Kuvertüre zerkleinern und unter ständigem Rühren mit einem Schneebesen in der heißen Buttersahne auflösen. Abkühlen lassen und mit 3 EL Birnengeist abschmecken. Die kandierten Früchte in ca. 3 mm dünne Scheiben schneiden. Den Marzipanteig zwischen zwei Blatt Klarsichtfolie legen und zu einem 17 x 20 cm großen Rechteck ausrollen. Die Folie vorsichtig abziehen und das ausgerollte Marzipan auf eine Platte legen. Mit den kandierten Früchten belegen.

Die cremige Schokoladenmasse mithilfe einer Palette gleichmäßig darüber verteilen. Für 1-2 Stunden in den Kühlschrank stellen. Ein großes Messer in heißes Wasser tauchen, damit beim Schneiden der Dominosteine glatte Kanten entstehen. Die gekühlte Dominomasse in 2 x 3,5 cm große Stücke schneiden, erneut kühl stellen. Die Kuvertüre für die Glasur schmelzen.

Ein Backblech mit Backpapier auslegen. Die Dominosteine mithilfe einer Pralinengabel in die Kuvertüre tauchen, abtropfen lassen und auf das Backblech setzen. Zum Verzieren die weiße Kuvertüre zerkleinern und schmelzen. Mit 1-2 Tropfen Wasser glatt rühren und die Kuvertüre in ein kleines Pergamentpapiertütchen geben. Eine winzige Spitze abschneiden und verschiedene Dominomuster auf die trockene Glasur spritzen. Kühl aufbewahren.

Für ca. 50 Stück

75 g Marzipanrohmasse
75 g Puderzucker
4-5 EL Birnengeist
125 g Sahne
25 g Butter
200 g Bitterkuvertüre
350 g kandierte Früchte (Birnen, Ananas oder Orangen)

Glasur:

250-300 g Bitterkuvertüre

Zum Verzieren:

50 g weiße Kuvertüre

Register

München
1. Auflage 1999
ISBN 3-932023-53-6

Rezepte	Johann Lafer
Redaktion	Kathrin Gritschneder, Kathrin Ullerich
Foodfotografie	Arnold Zabert, Walter Cimbal,
	StockFood/Verlag Zabert Sandmann (Seite 19)
Foodstyling/Rezeptbearbeitung	Andreas Neubauer
Backstudio	Johann Lafer, Andreas Neubauer, Alfred Merkel
DTP	Werner Kopp
Grafische Gestaltung	ZERO, München
Herstellung	Karin Mayer, Peter Karg-Cordes
Lithografie	inteca Media Service GmbH, Rosenheim
Druck	Mohndruck, Gütersloh

In Zusammenarbeit mit ZDF Enterprises

Bei Fragen zu speziellen Formen oder Küchengeräten wenden Sie sich bitte an folgende Adresse:
Johann Lafers Table d'Or, Hauptstr. 3, 55452 Guldental, Tel. 0 67 07/94 950.
Johann Lafer können Sie auf seiner Stromburg in 55442 Stromberg, Tel. 0 67 24/93 100, besuchen oder im Internet unter der Adresse www.johannlafer.de

Besuchen Sie uns auch im Internet unter der Adresse www.zsverlag.de